开一家赚钱的餐馆

思路、理念、套路、打法
采购、管理、核算、营销

中小餐馆从开张到运营
必会9大事项49招!

彦涛◎著

江西美术出版社
JIANGXI FINE ARTS PUBLISHING HOUSE

图书在版编目（CIP）数据

开一家赚钱的餐馆 / 彦涛著 . -- 南昌：江西美术出版社，2017.5

ISBN 978-7-5480-4346-1

Ⅰ . ①开… Ⅱ . ①彦… Ⅲ . ①餐馆 – 经营管理 Ⅳ . ① F719.3

中国版本图书馆 CIP 数据核字（2017）第 033261 号

出 品 人：汤　华
企　　划：江西美术出版社北京分社（北京江美长风文化传播有限公司）
策　　划：北京兴盛乐书刊发行有限责任公司
责任编辑：王国栋　楚天顺　陈　东　陈漫兮
版式设计：曹　敏
责任印制：谭　勋

开一家赚钱的餐馆

作　　者：彦　涛

出　　版：江西美术出版社
社　　址：南昌市子安路 66 号江美大厦
网　　址：http://www.jxfinearts.com
电子信箱：jxms@jxfinearts.com
电　　话：010-82293750　　0791-86566124
邮　　编：330025
经　　销：全国新华书店
印　　刷：保定市西城胶印有限公司
版　　次：2017 年 5 月第 1 版
印　　次：2017 年 5 月第 1 次印刷
开　　本：880mm × 1280mm　1/32
印　　张：7
I S B N：978-7-5480-4346-1
定　　价：26.80 元

前　言

Preface

“民以食为天”，很多人都有这种感觉：在我们常说的三百六十行里，餐饮业是个长盛不衰的行业。的确，“饮食”乃是“人之大欲”，只要有人在的地方，就需要吃饭，因此，无论到什么时候，餐饮业都是一个不会过时的行业。

也许正因如此，有人便这样认为：如果你兜里有点小钱，那你可以开个小餐馆，解决了自己的口粮问题，还能赚点别人的钱；如果你荷包满满，那你可以开个大餐厅，既能日进斗金，又能扬名立万！可是，开餐馆真的这么容易吗？答案当然是否定的。要知道当你在天天爆满的那家快餐厅等位的时候，几条街之外的那几家同类餐厅就要关门大吉了。同样是做餐馆，有的客似云来，也有的门可罗雀，究其原因，就在于你会不会开店。

无论是做一家小餐馆还是开一家大餐厅，无论是开店前还是营业后，你都要筹划好一系列的问题，比如，在哪里开店？该投入多少资金？怎么选聘合适的员工？店里怎么装修才能既省钱又吸引顾客？菜单该怎么设计才能既醒目又体现特色？什么样的服务最能打动人心留住顾客？怎样控制成本以获得更多利润？……而这就是本书要告诉你的内容。

《开一家赚钱的餐馆》全面而系统地为你讲述了开餐馆的具体知识，从开店前的选址、采买、聘用、手续办理，店面的合理布局与装修，菜品和菜单的选择与设计，到如何提供优质的服务，如何科学管理餐馆，如何做好成本核算，如何进行线上线下宣传营销，再到如何开展连锁经营。全书用平实的文字为你提炼出历经无数人实践得出的餐馆经营妙招，不管你是餐饮业的门外汉，还是打算扩大经营的管理者，翻开这本书，你都能找到最适合你的餐馆创办管理知识。

如果你的目标不仅是开一家餐馆，而是想开一家能赚钱的餐馆，那就请你仔细阅读这本书。记住书中告诉你的赚钱窍门，将它付诸实践，相信要不了多久，你的餐馆也能顾客盈门，财源滚滚！

目　录
Contents

第三章　选定菜品：菜单是餐馆最好的推销员

第四章　留住顾客：服务看齐海底捞

第五章　重在管理：全方位的餐馆管理策略

第一章

开店筹备

开餐馆前要做好的准备工作

1. 做好市场调查再开店

不管是在战场还是在商场，“不打无准备之仗”都是制胜的法宝之一，开餐馆也是这个道理。在开店之前，你应该先做好市场调查工作，在这里，推荐大家使用两种比较简单的调研方法：询问调查法和观察调查法。前者指通过设计简单的问题，比如问卷的方式，对调查对象进行调查。后者主要是在不面向当事人的情况下，暗中对调查对象进行直接观察。

通过市场调研，我们可以尝试做一些最初的计划，比如估算开业日期、餐馆座位数、人均消费额，同时准备选择最佳的位置。而学会了这些调查方法以后，我们就可以对许多相关联的因素进行深入细致的分析了。

你要调查的内容应包括：

首先，调查分析选择开店地区的市场大环境。比如当地的经济发展水平，政府对餐饮业的法规、政策、税收及其他规定，当地的风俗习惯、交通、气候情况等，为自己的餐馆找准定位。

其次，调查分析潜在的客源情况，以便确定经营项目。潜在的客源情况主要包括：消费者希望你开什么样的餐馆？消费者希望你的餐馆经营什么？适合本地消费者的营业时间是什么时候？本地消费者的消费水平如何？女士对餐馆服务的影响如何？少数民族分布情况及饮食有何特点？消费者对娱乐有何要求？

最后，调查分析自己的竞争对手。要想做到“百战不殆”，必须对该地区方圆几公里内的大小餐饮店有一个全面的了解与分析，最好能掌握它们的价格设计与菜单设计。同时，还要分析竞争对手经营成功或是失败的原因，以确定和调整自己的经营策略。此外，还需要调查有无其他正在形成或潜在的竞争对手，总之，要尽可能保证自己在竞争中处于优势地位。

2. 开餐馆前应该先算好的账

没有足够的资金，做任何生意都是空谈。资金是开办企业的物质基础，唯有资金雄厚，才可能充分考虑餐馆的经营模式和附加功能，甚至从一开始就可以着手制定较为长远的经营战略，充分利用资金和时间，为经营打下坚实的基础。

那么开餐馆究竟需要准备多少资金呢？通常的做法是做一个详尽的预算，预算包括以下内容：

店租：第一年需要支付的租金。

设备和用品：开业时必须采购的设备和用品的金额。

装修：开业前必须完成的室内外装修的费用。

原料：至少够用三天至一周的可以保存的原料。

工资：至正常营业前需支付员工的若干月工资的总和。

周转金：需当日采购的原料和应急购买物品的采购费。

不可预见费：在正常预算之外的突发事件等引起的必须支付的应急金额。一般为前6项总和的5%～30%。

将以上几项进行合计，就可以大致计算出你所要准备的资金。

这一切做好之后，还需要根据预算制订一个完整的投资计划，主要目的是要明确什么时间要花多少钱去做什么事。在投资计划中，每一项都和具体的时间相对应，有些时间会发生重叠，这是为了节约时间，提高效率。

3. 如何选聘合适的员工

一个好的餐馆，不仅要有一个优秀的老板，更重要的是要有一群素质较高的服务人员和厨师队伍。而若想拥有这样一个班子，需要在各个方面都做好工作。在这里，我们只讲关于招聘的问题。

（1）招聘厨师

厨师是餐馆经营的主要生产人员，一般由主厨（兼头火）、二火（有些中型餐馆还设置三火）、配菜、凉菜、白案（面点）等岗位构成。他们必须具备相应的技能，其水平应满足餐馆档次的需求，同时还要达到相互之间协调工作、配合的状态。

聘用厨师时，对主厨，考察其工作经历，是否有相应岗位的经验；其次考核技术、技能和管理能力。

厨房内的人员要熟练掌握物品管理、制定菜单、核算食品成本、食品投料控制和管理、食品质量管理和控制、原料的鉴别和管理、备料预算、组织培训、卫生管理、组织宴会、制订工作计划等技能。

厨师的聘用，还要经过面试、试用、正式聘用等阶段。即面试合格后进入试用期，试用期通常为1～3个月，具体期限可根据餐馆情况确定。试用期间表现合格者，予以正式聘用。

（2）招聘管理人员

管理人员的岗位包括值班经理、值堂、财务（会计、出纳等）、采购、保管等。管理人员必须具备相应岗位的工作经历，有较为丰富的实践经验和相关业务知识，才能在工作中得心应手。

具体来说，值班经理必须具有灵活处理问题的能力，以便协助经营者做好日常的经营管理工作。而会计和出纳，要熟练地掌握餐饮业会计制度，熟悉税务和银行的各项业务。采购要具有鉴别餐馆所用各种材料、用品的能力，熟悉各供应地点和价格差异，能够驾驶所配备的运输工具。而保管除要具有保管各种材料、用品的知识和经验外，还要具备管理有库房的经验。

（3）招聘服务员

服务员是餐馆的销售、服务人员。一般由领班、收款、引座、取菜、值台、保洁等岗位构成。服务员以有经验者为佳，且须培训予以提高其技能。

服务员中最重要的人选是领班，其需要具备较为丰富的实践经验。除考察其工作经历外，主要是要考核实际操作知识和技能。

除领班外，其他服务员的考核着重在文化知识、形象、反应能力、工作态度、卫生习惯等方面，特别是文字书写能力，不能把销售小票写得和天书一样，谁都看不懂。

领班应当通过多种渠道在行业内寻找，其他服务员可通过公开招聘择优聘用，最好招聘职业高中或中专有关专业的毕业生。

4. 开业前要做好的采购工作

餐馆各种设备的采购应该搞清楚，不要等到餐馆开业时才发现缺胳膊短腿，那可就来不及了。

（1）家具

家具包括餐桌、餐椅、接手台、办公家具等。

餐馆家具的销售商有饭店家具专营店、家具城和家具厂等，如对家具有特殊要求的，最好由家具厂定做，如固定式快餐桌椅。

餐桌、餐椅要特别注意规格、款式、材料、色调、油漆等方面。因为餐馆要经常冲洗以保持卫生，所以材料最好选用实木或钢木。另外由于餐馆的特点，油漆一定要耐热或使用塑料贴面。此外还要求稳固、耐用。

（2）餐具

餐具是餐馆最重要的用品之一，同时餐具又是餐馆最易损耗的物品，是餐馆最经常采购的用品之一。

餐具的美观和完好是餐馆状况良好的表现。如果质量不好，不但观感差，而且更易损坏。因此，餐具也应购买正规厂家的合格产品。挑选餐具应该从以下几个方面着手：

用料：主要通过手感检验。摸壁厚，掂分量，重者为佳；手敲听声，声音清脆者为佳。

外形：主要通过目测检验。盘、碟等要看平整度；碗、盅等要看口的圆度；玻璃器皿要对着光线查看有无气泡。

釉彩：釉面均匀、色彩一致、无气泡杂质者为佳。

款式：要款式多样、样式新颖。

花色：传统的花色有印花、彩绘等，要根据餐馆的风格、菜系选择。

（3）烟酒

烟酒，尤其是热销的品牌，假冒伪劣最多。为了保证餐馆的信誉和经营的良性发展，烟类要到国家烟草专卖局的下设机构采购。酒类如地方上不实行专卖制度，应选择国有专业批发公司，如到糖烟酒批发公司等采购。

（4）燃料

燃料应到专业的经营单位采购，如煤炭公司、液化气公司、煤气站等。

使用液化气的餐馆要特别注意燃气质量，质量不好将影响烹饪质量，也会大大影响有效使用时间。此外，气瓶的质量也很重要，质量不好有极大的安全隐患。现在还有一些燃气经营公司开展送货上门的服务，对这些公司要查验它们的营业执照、经营许可证，并将有关证件的发证机关、证件号码、企业名称、法人代表、经营住所等事项记录备查（此程序以下简称“验证备查”）。对所送的燃气要经过试用以检验质量和有效容量，并采取用后付款的方式，如不合格要及时停用。

（5）确定固定供应商

餐馆所采购的物品质量直接影响餐馆的烹饪加工和食品质量，间接影响餐馆的经济效益。所以，必须保证质量和价格的相对稳定，才能保证餐馆的食品质量、价格和利润的相对稳定。因此，餐馆一定要确定能提供质量、价格相对稳定的货源固定供应商。

在确定固定供应商时以下方面要引起注意：

考查固定供应商的实力与经营历史。

考查固定供应商的专业化程度，包括设备、人员经验、运输条件等。

考查固定供应商的商誉，包括进货渠道、商品保真方法、服务行为、处理纠纷的行为等。

不能只确定一家固定供应商，多一些选择会使餐馆左右逢源、进退自如。同时，货源若被一家供应商控制住，会受制于人，在“一棵树上吊死”乃是兵家大忌。

5. 开餐馆必备手续与办理流程

万事俱备，只欠东风——办理营业执照和一系列手续，使你的餐馆合法化，并受法律保护。这项工作繁杂而重要，千万要谨慎细心，否则会功亏一篑，毕竟，谁会愿意进一家“黑店”吃饭呢?

那么，我们应当办理哪些手续呢?

餐馆须办的手续除了工商和税务登记外，还要办理卫生许可证、环保审批、消防审批；要办理饮食服务行业管理登记；在大城市门面招牌要办理市容审批；经营香烟的要办理烟草专卖证；有些地区要办理酒类经营许可证；从事卡拉OK、歌舞等经营的要办理文化项目经营许可证。此外还有银行开户、企业代码、工资核定等手续。

（1）申请营业登记须要办理的相关手续

①个体户申请营业登记须具备的条件

办理个体工商户营业执照的，要有身份证或工作单位出具的职业证明。

法律、法规规定的某些行业，须取得生产经营许可证或办理专项审批。

②个体户申请营业登记的主要项目

字号名称：指个体工商户办营业厂、店等所起的名称。个体工商户的字号名称，在申请登记的市、县范围内，同一行业不得相同；个体工商户可以按登记的字号名称刻图章，并报送原登记的工商行政管理机关备案。没有字号名称的项目不登记。

经营者姓名：指依法核准登记的申请从事个体工商业的申请人姓名。家庭经营的，参加的家庭成员姓名应同时登记。

经营者住所：指经营者户籍所在地的详细地址。

从业人数：指参加经营活动的所有人数。

资本数额：指申请开业者的注册资金。

经营范围：指经核准经营的行业和商品类别。个体工商户可以一业为主，兼营与主业务相近的业务。

经营方式：包括自产自销、代购代销、来料加工、零售批发、客运服务、修理服务、培训服务、咨询服务等。

经营场所：指厂址、店铺、门市部的所在市（区）、乡、镇及街道门牌等地址，经批准的摊位地址或本辖区流动经营的范围。

（2）工商登记

餐馆办理开业登记，应当在有关部门批准后30日内，向登记主管的工商局提出申请，工商局应当在受理申请后30日内，做出核准登记或者不予核准登记的决定。

办理开业登记的餐馆，首先应申请企业名称预先核准，经核准后，持“企业名称预先核准通知书”到登记主管的工商局领取企业申请开业登记注册书。登记注册的主要事项为：餐馆名称、住所、经营场所、法定代表人、经济性质、经营范围、经营方式、注册资金、从业人数、经营场所面积、经营期限、分支机构。新成立的餐馆应到所在地主管的工商局办理开业登记。申请开业登记时，应当提交的文件、证件有：

①组建负责人签署的登记申请书。

②主管部门或者审批机关的批准文件。

③组织章程或者合伙协议书。

④资金信用证明、验资证明或者资金担保。

⑤餐馆主要负责人的身份证明。

⑥住所和经营场所使用证明。

⑦环保等行政管理部门的批准文件、证件以及其他有关文件、证件。

工商局核准登记后，向企业法人签发企业法人营业执照；向非法人企业或独立核算的企业分支机构签发营业执照。

在领取营业执照以前，不得以餐馆的名义进行经营活动。营业执照签发日期为餐馆成立日期。办理开业登记应当按照规定缴纳登记费，开业登记费按注册资金总额的千分之一缴纳。

（3）办理卫生许可证

在工商局领取申请开业登记注册证书后，首先要到餐馆所在地主管卫生防疫站申请办理卫生许可证。由卫生防疫站派出工作人员到餐馆进行考察指导。

餐馆应按照《中华人民共和国食品安全法》的规定，落实餐馆的卫生措施。经卫生防疫站检验合格后，颁发卫生许可证。

（4）办理环保审批

环保审批由所在地区主管环保局办理，主要审批项目为：噪声、排污(污水、油烟)。

在工商局领取申请开业登记注册书后，到所在地区主管环保局申请办理环保审批。餐馆经营者要提供餐馆位置平面图，并注明周边环境情况及近邻建筑物的使用性质，由环保局派出人员实地查验。检验合格后，由主管环保局在申请开业登记注册书中“有关部门意见”栏内签署“同意开业”，并加盖公章。

（5）其他相关手续

①行业管理登记：领取营业执照后，到所在地的饮食行业管理办公室办理行业管理登记手续，包括餐馆定级、缴纳行业管理费、参加有关活动等。

②物价审核：领取营业执照和办理行业定级后，到所在地主管物价局办理有关的物价审核手续，包括价签、菜单、菜品和确定烟酒饮料的毛利率或综合毛利率等，报主管物价局备案。

③办理酒类经营许可证：领取营业执照后，到有关的工商管理部门办理。

④市容管理审批：领取营业执照后，到所在地市容管理部门签订“门前三包”责任书；门面装修特别是灯箱、招牌、广告等户外设施，要报市容管理部门审批、备案；户外增加临时建筑或设施的，如凉棚、隔间等，除报市容管理部门批准外，还要经规划部门批准。

（6）刻制印章

领取营业执照后，凭营业执照和主管工商局的介绍信，到所在地主管公安局备案，并到公安局指定的印章社刻制印章。餐馆一般要刻制的印章为：公章、财务专用章、合同专用章。

印章刻制完毕，须给工商局预留印鉴。另外，要刻制餐馆法定代表人和财务负责人的名章。

（7）税务登记

餐馆自领取营业执照之日起30日内，向主管税务机关申报办理税务登记。在主管税务机关领取税务登记表并如实填写。

填报税务登记表时，应提供下列有关证件、资料：

①营业执照。

②有关合同、章程、协议书。

③银行账号证明。

④居民身份证及其他合法证件。

⑤税务机关提供的一切有关证件、资料。

其中，提供房屋租赁合同时，要提供房主房产税的完税证明。

税务机关应当自收到税务登记表和有关证件、资料之日起30日内审核完毕，符合规定的予以登记，并发给税务登记证件。

（8）银行开户

到合适的银行机构，申请开立账户，以便今后办理转账、结算、存款、取款等手续。按规定个体户只能开设一个银行账户，如果与另一家银行关系较好，亦可以多开账户，但一般以第一家开立的账户作为“基本账户”。一般规定只有“基本账户”才能获得贷款。

第二章

店面设计

餐馆的合理装修与布局

1. 店面的规格与格局

餐馆的位置定下后，就要确定具体的店面。店面应从规模、格局、可见度和附加面积等方面进行考察。

（1）店面的规模。要保证店面有足够的容量能安排下必要的设施，并在操作间及其他辅助面积分配妥当后，仍能保证你所计划的营业面积。

（2）店面的格局。最好是方形的，这种格局布置起来最为规整、容易，而且这样店面面积也会比较大。店面最好前后都有门，使用起来比较方便。

（3）店面的附加面积。它是指附属于店面而又不计入店面租金、具有使用价值的面积。如店前和周围的空地、店后的小院等，这些面积可以用来提供额外的服务，如停车；也可以用来扩大经营面积，如将燃料间、库房等建在室外院内而增加室内的营业面积；或在夏季开办室外夜市等。有充裕的附加面积等于降低了店面的租金，增加了经营的潜力。

（4）相邻店面。在考虑店面时，还要考虑相邻店面的经营范围，有些是不适合作为餐馆近邻的，比如药店、化工商店、油漆店等。

（5）与住宅的距离。餐馆的店面还要考虑与居民住宅保持适当的距离，因为餐馆的排烟、污水、噪声会影响居民的日常生活，距离太近容易被要求强制治理而增大费用。

2. 合理分配店面空间

店面内部的空间一般分为3个部分：营业面积、操作面积和辅助面积。由于餐馆的利润是由营业面积实现的，因此很多经营者总是想方设法地扩大营业面积，这种做法其实并不可取。在店面空间的分配上，以下原则是必须遵循的：

（1）营业面积包括餐台、通道、吧台或收款台等。通道要保证发生紧急情况时便于人员疏散，通道宽度要保证顾客和服务人员通行方便；餐台之间的距离要根据餐馆的档次，疏密得当，餐馆档次高的要求相应宽绰，档次低的可以紧凑一些，切忌为增加座位数量而使客人感到不舒服。根据所确定目标消费群体合理设置包间的数量，以避免包间营业率低的状况出现。

（2）操作面积包括厨房、凉菜间、面点间等。厨房要有充足的空间，保证员工的工作互不干扰和便于清理卫生。凉菜、面点在有条件的情况下应单独设置操作间，如果餐馆面积较小，也要将其与厨房的其他部分分开，并予以封闭；燃料要有单独存放的位置；出菜口要在厨房和大堂之间，既要联系紧密又要有一定的缓冲；最好在厨房后门设置废弃物出口。

（3）辅助面积包括办公室财务室、库房、卫生间和员工宿舍等。这些最好不要与营业区相通，要单独封闭。财务室、库房要加装防盗门窗；尽可能地设置卫生间，卫生间已成为吸引顾客的一个必要设施，通常设在远离厨房的角落里，以避免给客人造成心理上的反感。

在遵循上述原则的基础上，合理地安排各部分的面积，在保证正常运作的前提下，使营业面积得到最大的利用。

3. 店面装修的前期工作

店面的装修相当于一个人的脸面，决定着顾客对餐馆的第一印象。恰到好处的装修可以给人一种安全、舒适、满足的感觉，顾客可能会因此被吸引到店里，并经常到你这里来就餐。因此，我们很有必要在这方面多花一些时间和精力。

（1）确定装修方案

你可能会为店面面积和经济实力的限制所困扰，所以，在确定装修方案时，应根据自己的条件精心设计，力求以合理的费用达到理想的效果。要尽量做到与经营特色相统一；与目标客户的要求相统一；有自己的特性；合理装修，避免夸张。在此基础上，装修设计时要多做几个方案进行比较、修改，从而确定合理的实施方案。

（2）起个别具一格的店名

店名是餐饮企业识别系统的核心，它具有一种信息作用，伴随着整个经营过程，并代表着一个餐饮企业的形象。人们在潜意识里，常常会通过名字对一个素不相识的人做一个初步的判断，店名也正是起着这样的微妙作用，而如何起个别具一格好店名也是有学问的。

首先，店名要醒目好看。

一个好名最起码的要求是：好看、好认、好听、好记、有意义。必须达到以下标准：

有些字的笔画太多，顾客很难辨认，因此会失去部分潜在顾客。所以店名在引起顾客注意的同时，也不要笔画太多。

另外，店名的字数也有讲究，多少都不能过度。有时字数多可能会比较独特，但若字太多，顾客不易记，最好在5个字以内。

其次，店名最好琅琅上口。

餐馆的名字要响亮，并且没有不良谐音。这一点已经涉及语言学的范畴，是有一些学问的。

再次，店名可以图个吉利。

无论是人还是店铺，取名字也就是为了满足某种心理上的良好意愿。通常名称吉利、有好征兆是大多数人的爱好。

需要注意的是，不少经营者都希望自己的餐馆生意兴旺，因此在起店名时也喜欢取一个比较直截了当但很俗气的名字，如“招财”“进宝”等，可是，这些名称往往会不经意地流露出唯利是图的经营心态，有时甚至还会引起一些客人的反感，因此最好尽量避免。

最后，店名要能体现特色。

注意餐馆的层次。餐馆的经营者在确定自己餐馆的名称之前，先要明确自己打算开多大规模的餐馆，目标客源的层次如何。如果名字与规模不相符，让高消费顾客不屑一顾，普通客人“望名却步”，那就得不偿失了。

店名可以风格独特，但不宜怪异。有趣的名字有时能引起人们的好奇，但不要过分。通常，这类风格怪异的名字不易被大众接受，相反，正大平易的店名比奇怪的店名更容易让顾客认同。

此外，店名最好能与风味结合。餐馆取名的时候，应该以名字暗示自己的经营特色和项目，能使客人很醒目地发现你的与众不同。

（3）设计一个醒目的招牌

名字起好了，就要把它设计成一个漂亮醒目的招牌。店招是餐馆最重要的宣传工具。好的店招的标准是：醒目、别致，不论是白天还是夜晚都易于识别。

店招的文字以汉字为主，根据需要可适当增加民族文字、汉语拼音、外文等。文字内容除名号外，可适当增加宣传餐馆风味、特点的内容，但要言简意赅。如“百年老号”“时令海鲜”等。在颜色的选择上要注意颜色配合的效果，基本色调要与餐馆门面的色调协调一致，或与餐馆的主色调保持一致。图案可以是抽象图案或写真图案。对大众来说，标志图案更容易辨认区别。如果设计得好，还能引起人们的情感共鸣，达到树立餐馆形象，提高经济效益的目的。

4. 风格设计要独具匠心

在风格设计时，有从地方风情特色入手的，也有从情感入手的，采用温柔的色调体现浪漫情调等；从顾客的生活特征入手的，比如以鲜明、对比强烈的色调体现快速的生活节奏，以幽雅的环境体现休闲等。

假如你的餐馆是现代风格，那么就可以用一些金属类的装修材料，并且可以挂一些电子乐器在墙上，从中体现现代电子风情。如果你想开的是仿古餐馆，那么装修自然就要多用木制材料，门窗都可以用木制材料打造，至于墙上，应该多挂些古字画来渲染气氛，大堂中央还可以挂几盏宫灯。不要小看这些细微之处，这些细节都能以小见大，说不定一个小小的别具匠心的摆设，就能起到画龙点睛的作用，让你的餐馆大放光彩。

餐馆的风格是经营者个人风格的体现，你应该将自己的心情、性格、所想的一切都融入餐馆风格中，让人能从别具匠心的装修中看到你以及你的细致用心和亲切感，从而拉近顾客的心。

5. 色调搭配的妙招

色调是风格、氛围的重要因素，用以创造各种心境。不同的色调对人的心理和行为有不同的影响。色调由色彩和强度两部分组成。色彩即各种颜色，不同的颜色对人的心境有不同的影响。白色让人安宁，黄色使人兴奋，绿色代表平和，蓝色令人轻松，红色使人振奋。

在实际应用中，应根据经营的目的确定餐馆的色调。如希望顾客延长就餐时间，要选用安静、悠闲、柔和的色调；如要提高顾客的流动率，提高经济效益，就要使用刺激、活跃、对比强烈的色调。

除此之外，一般应当确定餐馆的主色调。主色调确定后，可以用其他的颜色作为配合，同时防止喧宾夺主。大堂内的色调构成主要取决于墙面、地面、吊顶、窗帘、家具、台布、灯光等，除特殊表达目的外，应以清新淡雅为主，颜色不宜过深。

还可以使用一些小技巧来制造不同的用餐氛围，那就是以变化桌面来制造不同的色彩。例如，早餐只使用简单的桌面，中午省略，晚上则铺上能表现和悦气氛的餐巾。

一个有智慧的经营者，总能在巧妙的安排下，使餐馆的气氛呈现温馨与快乐，并能使宾客在无意中感受到这种温情。

6. 光线要素的选择

光线灯光起着餐馆内照明的作用，同时决定着餐馆的格调。

光线可分为荧光、白炽光、色光、烛光等。

荧光：即我们日常所用的日光灯，具有亮度高、经济实用的特点，但生硬、缺乏美感，使人和食物显得苍白。

白炽光：即我们常用的白炽灯，具有亮度容易控制、自然的特点，易于显示食品的本色，但寿命短且耗电量大，成本较高。

色光：色光多用于特殊区域，如用绿光和蓝光照射水族箱，可起到清澈洁净的效果；用红光照射吧台或家具，更显得柔和，但一般不宜大面积采用，且成本较高。

烛光：烛光是一种很有情调和气氛的光线；在它的照射下，人和食物也更漂亮，一般用于有特定主题的餐馆或特定场合。

按照射区域的不同，餐馆光线又可分为整体光线和区域光线。整体光线是指照射大堂内所有区域的光线，区域光线是指对个别区域照射的光线，如吧台、操作间、餐台等，色光、烛光是区域光线常用的光源。

不论采用何种光源或照射方式，光线的强度是最根本的影响因素。同时，光线强度对顾客的就餐时间也有影响。据心理测试，暗淡的光线会延长顾客的就餐时间，明亮的光线则会加快顾客的就餐速度。

第三章

选定菜品

菜单是餐馆最好的推销员

1. 打造特色菜品与菜单

菜单是餐馆最好的推销员。作为客人在餐馆的餐厅、宴会厅用餐的主要参考材料，菜单起着向客人传递信息的作用。客人从菜单上不仅能够明白餐馆餐厅、宴会厅所提供的菜品、酒水及其价格，还能够从菜单的设计、印制上感受到餐馆餐饮服务的气息和文化品位。餐馆要想让菜单发挥良好的作用，关键是要有好的菜品，而特色菜在菜单中占据着重要地位。唯有在打造菜单的时候，把特色菜让顾客更方便地感知，才能真正起到宣传推广的作用。要想菜单通过特色菜的方式起到宣传推广的作用，就要首先打造属于自己餐馆的特色菜。餐馆要做到菜品有特色，可以从以下两个方面入手：

第一，突出餐馆的地方特色。目前的餐馆市场竞争激烈，已经进入了相对成熟的阶段，顾客的需求也越来越细化，随之而来的也将是餐馆经营分类的细化。而要满足这方面的需求就要经营某一地方独特风味的菜品，具体可以从中餐八大菜系、民族风味菜品、西餐、日本料理、韩国烧烤等中选择。除此之外，餐馆要打造特色菜，可以选择把自己省市的地方菜直接引进来。比如，杭城特色小餐饮店比较流行的做法是直接引进浙江省内的地方菜，其中金华砂锅店、桐庐菜馆等特色小饭店就比较受欢迎。还有的干脆以“土家菜”命名。这主要因为目前杭州的外来人口很多，从省内各地来杭州的人尤其多，地方特色小饭店开出来后，首先可以吸引大批老乡。

第二，经营时尚菜品。菜品的时尚特性是饮食固有的文化属性。菜品的款式、配膳以及风格在一个时期的迅速传播和盛行，成为社会上人们饮食的主导潮流，从而形成特殊的饮食景观。这就是时尚菜品带来的效应。时尚产品是用新原料、新技法、新口味、新外观做出的菜肴，令人有一种与众不同的感觉，健康牌就是时尚菜品的一种主要表现方式。保健类食品，具体可以选择带有保健性质、药膳性质的营养食品；再比如绿色、无公害食品，如今，消费者对绿色、无公害食品充满兴趣。如果餐馆能把绿色、无公害食品作为招牌，定然能够起到良好的效果。

任何餐馆必须有自己的招牌菜和饭店特色菜单，才能在同质化严重、山寨风横行的今天脱颖而出，树立品牌形象，聚集忠诚顾客。而要打造出具有竞争力的菜单，关键是要把以上两类菜品放在最为明显的地方，放在菜单的最前面就是出色的特色菜单打造方式，在这个地方可以让顾客一眼就看到餐馆提供的特色菜，并对顾客形成巨大的吸引力。

特色菜单还体现在个性化方面。独具匠心的菜单设计更能体现出优质的服务。餐馆的午餐菜单内页每天都要更换，更换的内容包括日期、当日例汤、当日特菜。这种更换虽然只是整个菜单中很小的一部分，但是在菜单第一页的顶部把这些最新内容与当天相配套的问候语放置出来，使顾客一打开菜单就能感受到他们所享受的是最新的服务，这就会使顾客产生一种亲切感。对于餐馆的VIP顾客或者来餐馆主办特别聚餐活动的客人，餐馆不妨在顾客到达前打造个性化菜单，比如“本菜单专为××先生及其同仁准备”“祝××先生70岁生日快乐”等。

除了在打造特色菜的内容上下功夫外，餐馆还要在特色菜单的材料上下功夫。在特色菜单的印制上，餐馆可以根据自身的实力去做，比较简单就是用A4纸打印一下，再去塑封。如果自身的实力比较雄厚，可以去印刷厂定制铜版纸彩印的，以给顾客带来美好的感官体验。

这就是特色菜单的打造方式，餐馆的特色菜单对于顾客的吸引力是不可估量的。餐馆要在特色菜单上下功夫，让菜单吸引顾客，成为进一步征服顾客味蕾的重要工具。

雕爷牛腩官网新菜推荐

2. 菜单设计要看封面与内页

菜单是餐馆宣传推广的重要工具，而要想真正达到宣传推广的作用，关键是要做好菜单的设计，让菜单更加适合自己的餐馆，菜单的设计包含了所有的设计元素，包括排版，背景风格和设计基调等。要设计好自己的菜单，就要从两个方面入手，即菜单封面与菜单内页。

第一，餐馆要设计好菜单的封面。菜单封面可以创建第一印象，一份设计精良、色彩丰富得体、漂亮且又实惠的菜单封面是餐馆经营风格的展示，无论是在图案、色彩，还是规格上都应突出特点。这就需要在设计时融入很多不同的设计元素，如形状、质地、颜色和印刷术都应该加以考虑。当设计元素都能够正确运用时，菜单封面会很好地支持餐馆品牌，并成为催生顾客凝聚力的一部分。让顾客一看到这个图案或色彩，就能立即想到你的餐馆、你的菜点。所以要特别注意菜单封面的设计。每家餐馆都有自己经营特点，菜单的封面设计必须适合于餐馆的经营风格，如果不适合，就会有不伦不类之感。

菜单封面设计，首先要做到菜单封面设计能充分体现餐厅的名称，又能与餐厅的装饰色调和设计和谐一致。唯有保持高度一致，才能更好地展现餐馆的形象。如一家名为“海盗”的餐厅，其菜单封面的艺术装饰采用了海盗形象，黑白金色印刷，艺术和幽默有机结合，更好地体现出餐馆的形象与特色。

第二，餐馆要设计好菜单内页。菜单内页是菜单的最主要组成部分，所以，餐馆要打造好出色的菜单内页。而要打造出色的菜单内页，就要从以下6个方面入手：

（1）要掌握好菜单规格。目前餐馆的菜单规格大小不一，大的形似报纸，小的犹如小型笔记本，这样制作的菜单很难达到顾客所需要的视觉效果。菜单的规格应与餐饮内容、餐厅的类型与面积、餐桌的大小和座位空间等因素相协调，使顾客拿起来舒适，阅读时方便，因此菜单的开本和选择要慎重。调查资料表明，最理想的开本为23厘米×30厘米。

（2）要选择好菜单样式。菜单有很多样式，最常见的是台卡式（摆放在餐桌上，页数不多，多为单页、双面或三折页）、悬挂式（悬挂在餐馆内部的菜单）、海报式（张贴在酒店餐厅玻璃及墙壁上）、屏风式（摆放在餐馆内部，可以折叠或者展开，摆放在其中亦可以作为装饰）、活页式（常见的菜单方式，有封面与内页组成）。

（3）要做好文字设计。菜单作为餐厅与顾客沟通交流的桥梁，其信息主要是通过文字向顾客传递的，所以文字的设计相当重要。菜单文字设计要求字体清晰、端正，以楷书为宜，以阿拉伯数字排列、编号和标明价格。字体的印刷要端正，使顾客在餐厅的光线下很容易看清楚。文字书写时菜名之间应安排一点空隙，间距要合理，切勿过稀过密，否则会影响顾客的阅读效果。同时，好的菜单文字介绍应该做到描述详尽，起到促销的作用，而不能只是列出菜肴的名称和价格。

（4）菜单用语通俗、标准，越简单越好。按惯例命名菜肴很重要，可减少许多不必要的误会，方便顾客。如果不是惯例所指的，应在菜名之后附加说明，提醒顾客，以减少误会。

（5）菜单颜色搭配要合理。菜单色彩唯有搭配合理，才能让顾客喜欢。菜单可以选择的颜色丰富，紫色、大红、墨绿、深蓝等都可以作为封面的颜色，而内页的颜色则最好以白色为主调，再配以浅粉、米黄等色。

（6）菜单上要加入酒水。许多餐馆的菜单上常常没有酒水，实际上酒水的销售利润最高，应多加一些酒水品种，将酒谱摆在明显的位置，吸引顾客目光。有的餐馆采取穿插法，在菜单的每一小结下面列入酒水，让顾客更容易发现。

3. 菜单的菜式选择技巧

要想让菜单成为餐馆宣传的有力武器，就要做好菜单的菜式选择。而餐馆要想打造合适的菜单菜式，就要从以下几个方面入手：

首先，要选择有独特性的菜品。独特的菜品能突出餐馆形象，使餐馆具有与众不同之处。这需要经营者具有创造性和想象力，在菜单上推出独特性的菜肴。菜肴的独特包括一个好听而生动的名字，一套搭配合理而科学的原料，再加上厨师的独特烹制和摆放。而要想保证这种独特性，就意味着一个餐馆要做出其他餐馆没有或做不到的烹调方法以及服务用餐方法，即做到人无我有，人有我新，人新我精。这样才能对突出餐馆的形象起到明显的作用，使人们提起某种菜就会想到这家餐厅。现在餐馆遍地都是，而且越来越多，因此，设计菜单一定要突出自己的特色，唯有如此才能给客人留下深刻印象，使菜单成为吸引顾客的一大利器。

其次，要选择满足顾客需求的菜品。推出独特性的菜肴固然重要，但是必须建立在满足顾客需求的基础上，唯有如此，才能得到顾客的喜爱。所以，餐馆在打造菜单的时候要重点向顾客需求方面倾斜，这样才能更好地满足顾客的消费需求，在餐饮市场火爆的竞争中分得一杯羹。而要想做到这一点，餐馆就要对自己的顾客进行分析，了解自己餐馆顾客的特征，推出符合这些人喜好的菜肴。餐馆在推出菜单菜肴的时候，要考虑到当地消费者的口味习惯，而消费者的口味是受地域、习俗等因素影响的，所以餐馆经营者一定要学会入乡随俗，去满足目标顾客群的独特口味需求。同时，除了口味习惯外，还要注重原料习惯。消费者在选择餐饮原料上也有地域习惯，如有的人喜欢吃豆瓣酱，用其他的酱代替就觉得没有味道。再比如云南区域的人喜欢吃野生菌，还有一种叫折耳根（鱼腥草）的菜，因为这道菜腥辣无比，其他地区的人可能也吃不惯，这些都是餐馆打造菜单时应该考虑到的。

再次，菜单上菜品种类要平衡。现代人吃饭讲究的是健康，所以在菜单菜肴安排上要做到科学的荤素营养搭配，有荤有素才能刺激客人的胃口，增强其食欲。菜肴的口味搭配也要平衡。菜肴在设计过程中，要做到烧、烤、蒸、炸、炒等方法相结合，如果是宴席菜肴的话，在口味上要有浓有淡，做到咸、甜、清淡、辛辣合理搭配。除此之外，还要保证菜肴色彩搭配平衡。色、香、味、形是佳肴形成的4个要素，“色”排在首位，是因为一道菜肴最早让人接受的信息便是它的颜色。而要想做到色彩上的搭配合理与平衡，就要使用菜品本身的色彩，如红色、绿色、黄色、白色等来为菜肴的颜色增光添彩，以增加顾客用餐的欲望。

最后，要多选择毛利较大的菜品。餐馆经营者最关心的还是自己的成本和利润。在所有的餐馆菜式中，虽然有些菜品的售价很高，但是获得的利润不高；而一些价格低廉的菜品，获得的毛利却非常多。由此可见，在选择菜式时，不能只看到出售的高价，而要从成本的角度来分析利润的高低，在打造菜单时，要多选毛利大的品种，同时也不要完全舍弃毛利小的菜品，可以适当穿插，让两者完美结合起来，以实现餐馆盈利的最大化。

要想让菜单成为最好的推销员，就要在菜单菜式的选择上做到合理化，依靠合理化的菜式来吸引顾客，增强顾客的食欲，同时为餐馆的营销推广起到推动作用。

4. 好的菜品定价最吸睛

开餐馆一定要重视菜品定价这个环节，因为定价直接关系餐厅菜品价格竞争力和盈利水平。定得高了，单个利润会增加，但消费总数很可能会减少；定得低了，销售人数会增加，却极有可能顾客越多，亏损越多。所以，好的菜单要想真正达到吸引顾客的目的，就要有好的菜品定价。而好的菜品定价法常常包括以下4种：

（1）晕轮效应定价法。晕轮效应又称“光环效应”，属于心理学范畴，从认知角度讲，晕轮效应仅仅抓住并根据事物的个别特征，而对事物的本质或全部特征下结论，是很片面的。这种心理效应也可以被餐馆拿来用在定价策略上。利用这一原理进行定价的具体方式是将一种顾客关注率较高的商品价格定得很低，甚至低于成本来出售，以此产生晕轮效应，使顾客产生餐馆菜品价格低的好感，从而促使店家的荣誉度不断提高，顾客盈门。体现在菜单上具体可以是在菜单上列出特价菜，比如，在菜单上列出“活螃蟹每斤10元”的价格，再比如，星期一基围虾卖一元钱一斤，星期二就卖二元一斤，星期三就卖三元一斤，以此类推。大家都知道基围虾要二十几元一斤，几元钱的价位让食客真正看到了实惠，这样就会吸引大批食客蜂拥而至。

（2）大众菜低利润定价。对于大众菜要坚持低利润定价的策略，所谓的大众菜是大家在餐馆中经常可以看到的菜品，比如鱼香肉丝、宫保鸡丁等，这样的菜价格要定得低，特别是走实惠路线的中低档餐馆，最好定为全市最低价。比如，当大多数餐厅把宫保鸡丁的价格定在12元的时候，自己餐馆可以将价格定在10元。这样会给客人留下“这家餐馆的菜便宜”的第一印象。当然，不能因为低价而降低菜品质量，要为顾客打造便宜好吃的大众菜，以此来吸引顾客。

（3）特色菜高定价。大众菜要低定价，以吸引顾客，而特色菜要采取高定价的方式。特色菜品能多赚就多赚，特别是中低档餐馆，更要把握这一原则。中低档餐馆一般利润比较低，要想增加利润就需要把眼光盯在特色菜上。对于很多餐馆来说，利润获得的一大重要组成部分是特色菜，如果大黄鱼做得好，10多元的成本可以定价40元。这种大众菜低定价与特色菜高定价相结合的方式，能够为餐馆招来大量的顾客，从而保证餐馆利润。

（4）依靠定价尾数吸引顾客。据心理学家的研究表明，价格尾数的微小差别，能够明显影响消费者的购买行为。尾数定价法会给消费者一种是经过精确计算得出的最低价格的心理感觉；有时也可以给消费者一种原价打折、商品便宜的感觉。标价99.95元的商品和100.05元的商品，虽仅相差0.1元，但前者给购买者的感觉是还不到100元，后者则使人认为是100多元，因此前者给消费者一种价格偏低、便宜的感觉，更易接受。这种定价策略也可以被运用到餐馆菜单价格打造上，餐馆一般习惯采用吉利数字做尾数，比如6或8，很少用4、7等。餐馆菜品定价时应该明白50元不如48元，100元不如98元。因为在客人心中，钱付出了还可以找零，心情会更愉快。

说了这么多，我们不难发现，菜品定价也要讲究一定的技巧，唯有如此才能让菜单更加吸引人。然而，不管是哪种定价策略，关键都是要与市场相符合，如果餐馆的价格高于市场价格，就会吓跑客人；如果定价太低，餐馆就会亏本。只有恰当的定价才能在保证自己盈利的同时留住顾客。

5. 让菜单帮你做推销

菜单是一种出色的推销工具，餐馆经营者要懂得充分利用这一推销工具，来做好餐馆的营销推广，具体来说，餐馆利用菜单进行营销主要包括以下几种方式：

（1）充分利用菜单封面封底。封面与封底是菜单的“门面”，能够直接影响顾客消费的欲望。唯有做好封面与封底，才能真正达到营销推广的作用。我们可以在菜单封面上，印制餐厅的地址、电话号码、营业时间、支付方式等内容。当然，这并不是说，这些内容一定要放在封面上，还可以放在封底，封面可以只放餐馆的名称，其余的设计元素都印在封底上。同时，要在封面与封底上向顾客介绍一些餐馆的经营特色，诸如餐厅简史、餐厅所处地段简图、宴会、聚餐、外卖服务等，这样就能最大限度促进销售的作用。

（2）要用出色的菜名吸引顾客。菜品名称设计得好，也可以起到推销作用。一个好的菜肴名称可以为菜肴增色不少，起到画龙点睛的作用。而且，同样一款菜品，即使是色、香、味基本相似，如果菜名出色，也能比名称平实的销量要出色很多。我们可以运用形象寓意命名的方式来取菜名，比如，把“小鸡炖蘑菇”取名为“抱财鸡”，这样就能让宾客产生“吃完此菜便生财”的联想。再比如，粤菜菜名“乐美名为怡情”的起名传统，“鸿运当头”“发财就手”之类，多已走上家庭餐桌，人人耳熟能详。诸如此类的菜品还有很多，“虎穴藏龙”“桃花泛”“雪里埋炭”“凤凰串牡丹”等都是以形象寓意命名。除了上面这种取名的方式外，还可以依靠“怪名”来吸引顾客。如把由猪耳和猪舌在酱制后经刀工处理再拼装的拼盘菜称作“听说菜”；在拍黄瓜的基础上，随便加一些煮花生米、胡萝卜丁、碎酱牛肉等，将之称为“乱拍”；把“香菜拌豆腐”称之为“雪山草地”等。这种取名的方式能够激起顾客的好奇心，让他们产生想试吃的欲望，最终达到餐馆营销推广的目的。

（3）菜单印制要精美。菜单的单页印刷版面要尽量做到美观。在进行排版设计的时候，一定要突出餐厅的招牌菜，最好是把几道拿手的菜品放置在菜谱的首页，而在图文信息上要充分地突出菜品特点，要做到图案清晰色彩丰富，但同时也要做到文字简练。很多客人进入餐馆都是抱着一饱口福的心态来的，他们品尝食品时非常认真，喜欢谈论食品，并在品尝中获得享受。因此在菜单中应该有丰富的餐景图片、独特的菜式介绍、有趣的文字说明，尽可能地引导顾客的饮食兴趣，促进客人食欲。

（4）要在菜单上突出推销用语。菜单上要有推销性词语，如特制汤、时令菜、免费赠送等，这些推销性词语能够达到吸引顾客的目的，让顾客对餐馆，或者菜品产生想了解的欲望。

（5）要写出营养成分。现代人吃饭越来越注重健康，健康的饮食能够起到吸引顾客的目的。如果在菜单上标注出“不含糖”“无盐”“低热量”等和食品营养成分有关的声明，定然能够起到吸引顾客的目光，并能在一定程度上起到推广营销作用。

（6）菜单在设计的过程中还可以结合餐厅的形象，比如在店徽设计、餐厅主题选择以及装饰格调、布局、家具、色彩灯饰等方面下功夫，并在菜单上表现出来。像蒙古包、小方桌、花地毯作为主题形象的蒙古餐厅；再比如傣族风格的竹楼餐厅，以红木（或仿红木）家具（如太师椅）与清宫服饰等面貌出现的高档中餐厅等，这些元素都可以纳入到菜单设计中来。

菜单是餐馆的名片，不但起着让顾客便捷点餐的作用，还起着对餐馆进行营销推广的作用。餐馆要充分利用好这块营销阵地，把餐馆经营理念、服务特色、菜品特色通过菜单这个媒介推广出去，让顾客更加了解餐馆，让菜品更加吸引顾客，让顾客在想要用餐的时候第一时间就想起自己的餐馆。

6. 菜单也要与时俱进

市场总是瞬息万变，人们的需求也会时时发生变化，所以，餐馆的菜单也要不断创新、与时俱进，这样才能吸引更多的顾客。

菜单创新主要体现在两个方面。

第一，菜单设计要融入文化内涵。在进行菜单设计的时候，不能把介绍菜品当作唯一的功能，还应该考虑菜单的审美功能。然而，这并不是说仅仅对菜单进行简单的美化，还要注意在菜单中融入文化内涵，比如融入地方和民族文化。具体来说，可以结合地方历史典故、知名历史人物、深厚的古代文化打造菜单，比如，在菜单页面上，配上“锄禾日当午，汗滴禾下土；谁知盘中餐，粒粒皆辛苦”这首诗。除此之外，还可以根据地方特色民情风俗、饮食习惯来进行深层次挖掘，来打造属于自己的菜单。在菜单的设计上还可根据自己经营的菜系来打造菜单，目前在我国主要有川菜、鲁菜、粤菜、苏菜、浙菜、闽菜、湘菜、皖菜八大菜系，在菜单设计上可以充分体现各种菜系的文化内涵。

第二，在菜单设计上要有独特的创意。餐馆在菜单设计上需要来一点别出心裁，不落俗套。构思奇妙、蕴意深刻的菜单能使人长记在心，毫无特色的菜单则让人过目即忘。比如，上海新锦江大酒店在接待日本贵宾时，曾设计出集中国书法艺术、绘画技艺和精美菜肴于一体的扇子菜单，该菜单就深受客人欢迎。创意上的独特，能给顾客带来良好的视觉享受，能够起到很好的宣传作用。

菜单在打造的时候，除了要做到创新之外，还要做到与时俱进。这种与时俱进在技术创新上得到完美体现。传统餐馆的菜单是纸质的，这样的菜单也能做到精美，但最大的不足是一旦制成就很难更换，因为每更换一次就要全部毁掉，会造成资源的浪费。随着电子时代的到来，电子商务的不断发展为菜单打造在技术创新上提供了便利，餐馆可以设计电子菜单。相对于传统菜单，电子菜单是一种创新，能给顾客带来良好的点餐体验。

菜单的与时俱进还体现在随着餐馆的不断发展而不断做出改变，随着市场不断发展，餐馆的定位可能也会出现变化，早期以大众化家常菜为主，后期可能就会逐渐转型为精品、高端菜。因此，菜单也必须做出相应调整，这样才能跟得上发展的脚步。所以，餐馆必须根据经营阶段，设计出不同风格、不同特点的菜单，这样菜单才能发挥出宣传广告作用，从而推进餐馆的发展。

这就是餐馆在打造菜单的时候要做到的创新和与时俱进。没有人喜欢看着枯燥的菜单点菜，只有创新思维下打造的菜单才能为顾客带来点餐的欲望，并在顾客的心中留下美好的印象。时代是不断发展的，餐馆在不同的发展阶段的状况是不一样的，所以菜单的打造也要紧跟这种变化，始终让菜单以最新的形式展现在顾客面前。如果想让菜单成为最出色的推销媒介，就要为餐馆融入创新因子，依靠创新因子来经营餐馆，设计出独具特色的菜单。

第四章

留住顾客

服务看齐海底捞

1. 微笑是最好的“味道”

海底捞成立于1994年，是一家以经营川味火锅为主、融汇各地火锅特色为一体的大型跨省直营餐饮品牌火锅店，全称是四川海底捞餐饮股份有限公司。截至2016年，海底捞已在简阳、北京、上海、西安等全国20多个城市创建了100多家直营餐厅，并在新加坡、美国拥有海外直营店，员工近两万人。海底捞绝对是餐饮行业中的佼佼者，而它最让大家津津乐道的是服务，甚至可以这样说，海底捞卖的是服务，在很多人看来，海底捞的服务是“变态”的，而微笑服务是海底捞服务中一种最为典型的表现。

海底捞的微笑服务不是老板管理下催生的强制性微笑服务，而是发自内心的忠诚微笑服务。从停车场开始，顾客就进入了海底捞的气场，不论是穿戴整齐的保安，还是走出大厦迎接顾客的服务员，都带着纯朴而热情的笑容，将顾客送往电梯。如果顾客需要等位，美甲师和专职擦皮鞋的员工会为顾客微笑着效劳。在海底捞一落座，很快就会有笑语盈盈的服务员走过来，为顾客进行点单服务。在整个进餐的过程中，顾客时刻都可以看到服务员脸上洋溢的笑容。虽然在海底捞员工手册的任何一页，你都找不到微笑应露6颗牙齿还是8颗牙齿的标准，但在任何一家海底捞的门店，你都无法忽略每个员工脸上发自内心的微笑。这种微笑不含任何修饰，却能恰到好处，让人感到十分舒心。

海底捞式的微笑服务源于海底捞的微笑理念：认同公司、快乐工作、微笑服务。在海底捞崇尚的是经理对领班微笑，领班对员工微笑，员工对顾客微笑，最后顾客对海底捞微笑。正是这种微笑链，让海底捞式的微笑深入人心，并为顾客所感知、推崇。海底捞就是本着“人”这个关键词出发，进行以人为本的服务开发，将微笑的真谛运用、融合于整个经营管理中去，从而打造出让消费者为之惊喜的微笑服务。

在海底捞，微笑就是最好的味道，很多顾客走进海底捞，就是为了享受海底捞式的微笑服务。海底捞的微笑服务给餐馆经营者带来的启示是，要做好服务就要让微笑深入人心。

微笑服务在餐馆服务中是一种特殊无声的礼貌语言，服务员的真诚微笑可以使顾客产生完美感、亲近感，缩小顾客与餐馆的距离。从微笑中，可以将友好、融洽、和谐、尊重、自信的形象和气氛传染给顾客，为成功的服务打下良好的基础。享誉全球的肯德基炸鸡是由11种特殊配方配制而成，但它取得成功的秘诀之一是它的第12种神秘配方——微笑服务。肯德基让每一位来餐厅用餐的客人都享受微笑服务，都拥有一份愉快的用餐感受。可见，微笑服务在餐饮业中起着举足轻重的作用。餐馆要在整个服务过程中，全方位坚持微笑服务，如此就可以使顾客的需求得到最大限度的满足。顾客除物质上的需求外，也要求得到精神上、心理上的满足。实践证明，诚招天下客，客从笑中来；笑脸增友谊，微笑出效益。

要想让微笑服务取得良好的效果，就要掌握微笑的技巧。

首先，要掌握微笑服务的标准。微笑服务时表情要自然放松，不要留给客人虚伪、做作之感，注视角度要采取平视，如果自己坐着，客人来时要起立相迎。不要频繁眨眼，而是要把眨眼次数应控制在每分钟6~8次。除此之外，还要注意视线的部位，通常视线不要注视对方肩部以下的部位，否则就会给顾客产生目中无人的感觉。

其次，微笑时要做到口眼的结合。在笑的艺术修养中，眼睛的表情是关键一环。眼睛具有传神送情的特殊功能，眼睛又是心灵的窗户。因此，口到、眼到、神色到、笑眼传神，微笑才能打动人心。所以，进行微笑服务时要心情放松，嘴角微微上翘，嘴唇略呈弧形，露出上排6～8颗牙，眉头自然舒展，眉毛微微上扬，眼含笑意，并且要让这样的微笑停留2～3秒。

最后，微笑要与语言相结合。语言和微笑都是传播信息的重要符号，只有注意微笑与美好语言的有机结合，声情并茂，微笑服务方能发挥它应有的特殊功能。通常来说，微笑服务说话时语气要柔和，音量要适中，语速要适当，不能过快或过慢，在说话的过程中要时刻保持微笑。

微笑服务是一种特殊的情绪语言，是服务工作的润滑剂，是服务人员与消费者建立感情的基础，也是服务行业职业道德的重要内容。它可以代替语言上的欢迎，稳定消费心理，对顾客的消费情绪有着主动诱导的作用。真诚的微笑能够让服务人员保持愉快的心情，也能让顾客舒心，还能化解一些不开心。餐馆面对的人群各式各样，任何意想不到的事情都可能发生，当顾客表示点滴的不满意甚至产生纠纷时，微笑就是化解问题的融化剂。微笑是最好的“味道”，所以，餐馆要尽可能地完善自己餐馆的微笑服务，以此来征服顾客。

2. 服务细节最动人心

服务型企业没有太多的技术壁垒，能不能在激烈的市场竞争中立于不败之地，往往就看其服务能不能留住顾客。而服务水平的高低，又常常取决于服务细节是否过硬。餐馆经营，同样需要在细节上发力，以细节来打动顾客。海底捞的服务是“变态”的，这种“变态”体现在海底捞服务的每一个细节中。

在每一家海底捞门店都有专门的泊车服务生，主动代客泊车，停放妥当后将钥匙交给客人，等到客人结账时，泊车服务生会主动询问：“是否需要帮忙提车？”如果客人需要，立即提车到店门前，客人只需要在店前稍作等待。如果顾客把用餐的时间定在周一到周五中午的话，还能享受到免费擦车的服务。

如果是晚餐时间，在北京任何一家海底捞餐厅的等候区都可以看到大屏幕上不断打出最新的座位信息，顾客在等位的过程中吃水果，喝饮料，享受店内提供的免费上网、擦皮鞋和美甲服务。如果不是一个人来等位，服务员还会拿出扑克牌和跳棋供顾客打发时间。

一旦客人坐定点餐，服务员就会积极递上围裙、热毛巾。服务员还会细心地为长发的女士递上皮筋和发夹，以免头发垂落到食物里；戴眼镜的客人则会得到擦镜布，以免热气模糊镜片；顾客如果把手机放在台面上，服务员会用小塑料袋把手机装好，以防油腻。如果顾客点的菜太多，服务员会提醒客人已经够吃，并且会建议他们点半份。

除此之外，海底捞还为带了小孩子的客人照顾孩子，并帮助顾客喂孩子吃饭，陪顾客的孩子在儿童天地做游戏。在进餐的过程中，服务员每隔15分钟就会主动更换顾客面前的热毛巾。在海底捞的卫生间，还准备了牙膏、牙刷，甚至护肤品。顾客用完餐后，服务员会马上送上口香糖，一路上所有服务员都会向顾客微笑道别。

在海底捞，用细节服务来征服顾客还体现在满足顾客的要求上。比如，有一次，一对刚刚恋爱的客人在海底捞用餐，女孩想要吃凉糕。服务员在听到女孩的话后，立刻向领导报告，由于海底捞自己并不供应凉糕，服务员就打出租车去给这位女孩买回凉糕。这种事例在海底捞经常可以看到，这种细节上的贴心，给顾客带来了感动。

从上面的表述中，我们不难发现海底捞在每一个服务细节上都做得比较出色，正是依靠这些出色的细节服务，海底捞的服务被冠以“变态”之名；正是在细节上做到体贴周到，海底捞才能以服务而闻名餐饮界。海底捞的服务给餐馆经营者带来的启示正是，要努力做好细节服务，以细节来征服广大的消费者。

经常在餐馆吃饭的消费者会发现这样一个现象：在菜品、环境、消费标准等方面都差不多的两家店，受欢迎程度却大不一样。这是为什么？问题就在于细节。餐馆经营者只要以人为本，从消费者的角度用心考虑，在细节服务上投入，就能带来不俗的回报。那么，餐馆应该在哪些方面做好细节服务呢？

（1）当客人点菜时脸上要始终保持微笑，并且要主动为客人介绍餐馆里的菜品。

（2）客人一进包房，准备脱去外套。服务员就要立刻接过客人手上的外套，并说："让我来帮您把外套挂上。"

（3）客人所点菜品已卖完时，要第一时间通知客人换菜或者帮其退掉，拖的时间越长，客人的不满会越大。

（4）如果客人带有小孩，要在第一时间送来宝宝凳，如果条件允许，还要帮助客人照顾孩子，以为顾客打造良好的用餐体验。

（5）如果送上来的菜品非客人所点或者未到上菜时机，就要及时退回，并做出妥善处理，而不是找借口推脱责任。

（6）戴手套服务。顾客最讨厌的就是服务员端菜的时候把手指伸进盘子里，如果服务员统一戴白手套服务，这样就能给顾客带来干净卫生的感觉。

（7）客人在点酒水时要注意听取客人所需酒水的品种，第一次斟倒时要主动询问客人所点酒水的种类，以便再次斟倒时准确无误。在为客人斟倒酒水时，要轻声询问客人所倒酒水数量，根据客人要求适当添加。

（8）洗手间一定要注意干净卫生。要在洗手间里放置洗手液、卫生纸，如此就能让顾客对餐馆产生好印象。除此之外，还可以在卫生间放置针线袋，在里面装上各色的线和缝衣服的针，在客人万一遭遇裤子拉链坏了、衣服扣子掉了等特殊情况时避免尴尬。

（9）如果天气较冷，客人进餐完毕准备离店时，服务员主动提醒客人："您先穿好外套再出去，外面很冷或温度很低，小心着凉。"

以上就是餐馆在进行服务的时候应该注意到的细节。在竞争激烈的餐饮服务行业中，如何能为顾客提供更具特色及更具竞争力的个性化服务是餐饮企业管理者的一门重要课题。现在的消费者已经不再满足固定标准的服务模式，更留意服务过程中的每个细节。细节服务关键是要做到以人为本，因为顾客是有着丰富情绪体验的感情个体，唯有把一流的服务都体现在细节之处，餐馆服务才能受到顾客的喜欢，才能最终打动他们，促使顾客走进餐馆重复消费。

3. 服务要做到因人而异

餐馆服务唯有做到因人而异，才能让顾客感动。海底捞的“变态”服务就是依靠因人而异，而感动了很多顾客，也为海底捞赢得了声誉。

Hi捞线上游戏

海底捞的服务因人而异体现在很多方面，比如，如果顾客中有孕妇，服务员会送上柔软的靠枕，以给顾客带来舒服的用餐感受，点菜后还会先为孕妇顾客送上一碗粥，让孕妇顾客垫垫肚子。同时，海底捞还有专门为孕妇准备的杏干。如果孕妇顾客在用餐的时候去洗手间，服务员会一直不停地提醒“注意安全”，当用餐快要结束的时候，海底捞还会为孕妇顾客准备小礼品，礼品包括泡菜、爆米花、baby画。这些细节会让顾客感动，让他们对海底捞保持忠诚。

如果是带孩子的顾客，海底捞会为其打造舒心的用餐环境，具体体现在他们会对婴儿和儿童进行贴心的照顾。当妈妈顾客领着孩子落座的时候，海底捞的服务员会专门送来儿童餐椅。如果孩子在海底捞睡了，海底捞甚至会搬张婴儿床给孩子睡觉。带孩子上餐馆经常是父母的两难，有时候淘气的孩子会破坏就餐的氛围，会让原本美味的食物陡然间索然无味。为此，海底捞一是创建了儿童天地，儿童乐园大概20平方米，里面的墙都是软包，门也是只有大人能开，小孩儿开不了，地面是铺的软和的垫子，儿童沙发，儿童厨房，发音看图板，各种玩具，小桌子小椅子，孩子们可以在这里尽情玩耍，暂时让父母全身心投入到品尝美味之中，在这个儿童乐园里，既闻不到火锅的味道，还有服务员专门陪玩，以保证孩子的安全。

如果是女性顾客，除了前面提到的海底捞还会赠送皮筋，用来绑起头发，避免粘到食物。海底捞还设有美甲区，在这里女性顾客可以免费享受美甲、去死皮、蜡油护手等服务。这些服务对女性顾客具有非常大的吸引力，能够让女性顾客感到贴心，甚至感动。

海底捞为等座的顾客提供免费上网

海底捞因人而异的服务还体现在很多方面，比如，如果老年顾客不喜欢免费的酸梅汤和豆浆，海底捞就会为牙口不好的老人准备一碗免费鸡蛋羹；男性顾客在候餐区里可以享受擦皮鞋的服务，还可以给手机清洁并加香味；如果是戴眼镜的客人，则会得到擦镜布，以免热气模糊镜片……

从中我们不难发现，海底捞的服务真正做到了因人而异，这种服务具有针对性，能够唤起不同顾客好感，让各个类型的顾客都能因为海底捞的服务而感动。这也告诉餐馆经营者，要打造出色的餐馆服务，就要做到服务因人而异，因为客人的类型是不同的，对服务的要求自然存在差别。餐馆要做到服务因人而异，除了要学习海底捞外，还要按照客人的类型来展开有针对性的服务。

（1）针对平稳型顾客的服务。平稳型顾客具有温馨、热情，富有魅力的特点，对别人不要求，对自己不苛求。他们普遍内向，乐做旁观者，属于悲观类型。要对这种类型的人进行服务，就要适度放慢沟通节奏，降低音量与音调，同时在顾客点菜的时候要表现出自己的耐心，并积极去了解这类顾客的真实需求，唯有如此才能征服平稳型客人的心。

（2）针对活跃型顾客的服务。活跃型顾客特别喜欢说话，外向、热情、有见解、能说会道，具有较强的进取心，但是容易情绪化。活跃型顾客属于感性的人。在对这类人进行服务的时候，一定要有耐心，认真听他所想要表达的一切，同时要懂得适时给予赞美，对其所说的表示肯定。

（3）针对能力型顾客的服务。能力型的顾客外向、富有想象力和竞争性。能力型顾客喜欢支配别人，要求别人的速度一定要快，但是对自己却是一个无所谓的人。同时，这类人不会轻易退缩，而是会以饱满的激情迎接即将到来的事情。在对这类顾客进行服务时，要服从他的意志，在点菜时只需给稍微的建议即可。

（4）针对完善型顾客的服务。完善型顾客富有想象力与自我意识等特征，他们可能对服务人员的说到做到与全程跟踪的能力产生异议或疑问。这类人更加注重事实与细节，而不是煽情与激情。完善型顾客比较善于分析，他是一个非常理性而又客观的人。对这类人进行服务，关键是要认真，并且不要刻意去强调某道菜是如何好吃，制作是多么优良，等等。否则就会让这类顾客生厌，进而失去用餐的兴趣。

餐馆在做服务的时候，要善于观察顾客的类型，并掌握顾客的心理，据不同的人提供有针对性的服务。这样的服务才是最精准的，也是最能打动人心的。

4. 免费服务也要保证品质

服务是一种商业模式已被广泛认同，但是并不是所有的企业都能依靠服务来获得经营上的成功。在“服务时代”几乎席卷全球的同时，“免费时代”这个词也日益深入人心。在当下，一方面，互联网等服务企业纷纷将免费服务作为主要模式，另一方面，其他行业如家电、汽车等也纷纷提供免费服务，而餐饮业也逐渐把免费服务纳入到自己的服务模式中来。

在中国，遍地都是火锅店，以前大多数的餐饮店在口味、品质与价格方面展开激烈竞争，如今，餐饮店之间的竞争已经开始转化为服务之争。海底捞在发展的过程中意识到，如果依靠打价格战来获得竞争优势，那么最终的结果只能是死路一条。于是，海底捞从海尔的身上学到了依靠服务来获得优势。

在众多行业的免费服务中，家电中的海尔打造的是一种五星服务模式，而海底捞打造的是一种超级五星模式。在这种服务模式的推动下，海底捞迅速积累了大量的忠诚客户，而且这些客户都在不停地为海底捞介绍新的客户。

海底捞在免费服务上可谓做到了极致。为了让顾客在排队等餐的时候能够更加顺心，海底捞为等位的顾客提供免费美甲、美鞋、护手服务。同时，还可以享受免费的饮料、零食和水果。海底捞的免费服务不仅仅体现在等位的时候，还体现在用餐的过程中。在用餐的过程中，海底捞会为顾客提供免费的萝卜皮、水果、花生米、炒豆等品种繁多的小食以及数10种调料，并且这些是不限量的。喜欢喝豆浆的顾客还可以免费喝到豆浆。而饮品酸梅汤等只要每人5元，喝完可以免费无限续杯，如果客人有特别喜欢的，还可以免费打包和自己的家人、朋友分享。海底捞的这种免费服务甚至做到了卫生间。在卫生间，海底捞派遣了专人进行服务，包括开水龙头、挤洗手液、递擦手纸等，这些服务也都是免费的。

海底捞依靠出色的免费服务，让顾客都在内心深处都有欠海底捞“感情债”的感觉，这就保证了顾客的忠诚度，并挖掘出大量的新客户。虽然这些服务都是免费的，但海底捞的服务并没有因为是免费而大打折扣，而是把这种免费服务高质量地呈现在顾客面前，这也是海底捞能够凭借服务取胜的重要原因。

当下，免费已经成为一种重要的企业竞争手段，而餐馆也可以依靠这种手段来获得优势。餐馆可以为顾客提供的免费服务包括很多方面，比如提供免费的餐巾纸、餐筷、酒水、开胃菜、美甲、护手等。如今很多餐馆已经不提供免费餐巾纸，顾客常常需要到服务台买一元一包的餐巾纸，这无疑会让顾客感到很不舒服，为他们提供免费的餐巾纸、茶水等，并且服务到位，才能让他们感觉饭吃得舒心。除此之外，很多餐馆也不再提供免费的开胃菜、汤水等，这样一来，顾客用餐体验就大大减弱。

虽然，免费服务对于餐馆发展有重大的推动作用，但是免费服务要把握一个原则，那就是免费服务不能以牺牲品质为代价。在很多餐馆中都存在这样的现象，消费者到餐馆吃饭，一般都会沏上一壶免费茶水招待。可是，这壶新沏的茶水往往看起来颜色不鲜亮，味道发腐、发涩、发苦，消费者对其质量不免心存疑虑。事实是一些餐馆为顾客提供的是批发价每斤10元或者6元左右的茶叶，这些茶叶味粗形劣，容易给顾客带来不好的体验。很多顾客认为如果喝劣质茶，还不如喝白开水。除此之外，很多餐馆由于为顾客提供的是免费服务，所以存在服务质量差、不够热诚的现象，这种大打折扣的免费服务对于餐馆的发展也是极为不利的。

由此我们不难发现，餐馆要想获得发展，可以依靠免费服务，但是需要谨记的是，免费要建立在保证质量的基础上，这样才能给顾客带来良好的用餐体验，从而保证顾客的忠诚度，并为餐馆带来越来越多的新顾客。

5. 服务需要主动出击

服务唯有做到主动，才能受到顾客的喜欢。当餐馆把主动服务当作一种工作的常态时，这个餐馆的服务就算是成功了。

海底捞的火爆，很大一部分原因就在于“主动”二字。自助区的设置、服务人员的接待无一不体现着海底捞主动接待、主动帮助和主动关怀的服务理念。海底捞的主动服务理念告诉餐馆经营者，要善于把主动服务纳入到餐馆服务体系中来，主动为顾客提供真诚、贴心的服务。从一定程度上来说，员工的主动服务能弥补标准化的不足，能够真正实践“顾客就是上帝”的理念，带给客户最贴心的主动关怀，不一样的体验。

所以，餐馆要为顾客提供主动服务。所谓的主动服务是根据客人的需求心理，采取有针对性的、积极的、超前的、有预见性的服务。主动服务本身标志着服务者的服务意识要领先于被服务者的服务意识，所表现出来的热情好客态度，能够被顾客有效感知，从而产生享受感。在快乐心情的影响下，顾客更愿意在餐馆内消费。当下，越来越多的顾客重视自己的尊荣，在他们看来，餐馆服务员有责任也应该有能力主动发现他们的需求，并在第一时间为他们提供恰当的接待服务，让他们的主人心理得到最大限度的满足。所以，餐馆员工应该具有强烈的换位意识，不时地站在顾客的位置上，想顾客所想，强化服务的服从意识，时时处处为顾客提供尽善尽美的服务。主动服务是餐馆一切服务的基础，是满足客人消费心理的首要条件。而餐馆要想在主动服务上做得出色，就要从以下几个方面着手：

（1）当客人进入大厅，要主动打招呼。当客人距前台两米远时，服务员应目视客人主动上前微笑、问好。“先生（小姐），早上好！/中午好！/下午好！/晚上好！/欢迎您的到来。”如此就能给顾客带来温馨的感觉，同时顾客也会因为受到尊重而产生愉悦的心理。

（2）点菜时要劝顾客少点菜。适当劝客人少点菜，不但吸引了回头客，还可以鼓励市民养成节约习惯。所以，服务员可以提醒顾客：“您点的菜不少了。不够的话，可以一会儿再加。”这一举措不但不会影响营业收入，还会提高顾客的满意度。同时，还能提高翻台率。一些生意好的餐馆，中午或者晚上每张桌子可以翻台2～4次，客人少点一道菜，很可能会让餐馆多接待一桌新的客人。

（3）用餐的过程中要主动领会顾客的意图。服务员应善于利用目光捕捉顾客的意图，当顾客忽然若有所思地把目光投向值台的服务员时，服务员应该主动上前询问顾客有何吩咐，是否需要增加菜肴酒水，或有其他要求。通过目光，服务员在顾客开口之前主动服务，会赢得顾客心理上的满足，感受到贵宾的尊荣。

（4）顾客离开时也要主动服务。当顾客起身离开时，要主动上前服务，询问顾客是否已经吃好，要帮助顾客拿包、衣服等，并且要微笑着送顾客出门，与他们道别，并告诉他们欢迎他们下次再来。这种有始有终的服务，会让顾客产生愉悦的情感，并且能够促进顾客进行二次消费。

6. 服务就是敢于创新

“变态服务”是消费者给予海底捞服务的最高评价，海底捞以服务取胜，并且时刻不忘打造令顾客尖叫的服务。而在海底捞所有的服务中最令人感到意外的是2010年推出的火锅外卖服务，这就是海底捞的“Hi捞送”。当时，海底捞也因这种新鲜的服务被很多媒体关注，并因其极大地挑战了人们的想象力而迅速成为热点话题。

Hi捞送订餐官网

海底捞Hi捞送如今已在北京、上海、西安、南京、深圳、广州、武汉、杭州、昆明、青岛等20多个城市推出外送服务，送餐时间一般是11：30～23：00。其外卖设定的最低消费价格根据地方的不同也会有所不同，比如，上海海底捞外送服务点餐最低268元，西安为238元。海底捞的外送服务特色是服务员与锅一起进门，海底捞会为叫了外卖的顾客提供菜品、底料、蘸料、电磁炉、围裙、餐布、勺子等，为了保证菜品的新鲜，海底捞外送所有的食品和调料都会用保鲜盒进行包装。更加让顾客想不到的是，海底捞还会派专门的服务员送货到家，甚至还会为顾客提供抻面条服务。

海底捞的火锅外送服务一经推出，就受到业界的普遍关注，而很多海底捞的粉丝也是跃跃欲试，起到了良好的宣传推广作用。海底捞的这一服务在推出之初，仅仅是在店内及外送点周围少数小区进行了宣传。外卖经验白纸一张的Hi捞送深知，在未形成成熟的经营模式之前，大范围推广无异于自废武功，因此选择了这种谨慎和低调的做法。在不断实践的过程中，Hi捞送不断改进完善自己的服务，比如，很多客人不喜欢洗碗，Hi捞送就增加一次性碗筷；遇到恶劣天气、交通，提前和客人沟通可能会出现外送时间的延误，主动致歉并以打折弥补失误，等等。不出门、不等位、不嘈杂，便可享受同等甚至更高级别的贴心服务，这对顾客来说具有巨大的吸引力，海底捞也因此而大大提高了自己的影响力。同时，这种把店直接开到消费者家中的方式，也极大地提升了海底捞的营业额，其外送服务产生的利润相当于又开了一家海底捞门店。

时至今日，外送平台的不断出现使得火锅外卖已不再是新鲜事，但海底捞率先推出的火锅外卖服务的做法仍不断地启示着经营者：做服务要敢为天下先，要善于创新。而餐馆要做到服务上的创新，就要从以下3个方面入手：

（1）要善于突破常规。现代的餐饮服务要能够突破固有的模式，经营者、管理者要具有开拓进取的精神，不能满足于现状，要始终保持清醒的头脑。要打破常规，就要保持餐馆服务的超常性，所谓的超常性指的是根据餐馆培养忠诚顾客的目标，打破常规、标新立异、别出心裁、超值延伸。敢于突破常规比标准化服务更具影响力。标准化服务往往强调的是规范，是否达到标准，而创新性服务强调的是顾客是否感受到物质上和精神上的双重享受，追求的是竭尽全力、精益求精、尽量完美。如此才能让顾客感受到前所未有的超常服务。

（2）要善于向他人学习。善于向他人学习是餐馆管理者要注意的问题，要想在服务上做到创新，最关键的是要善于向他人学习，而不是迷信自己所固有的经验。所以，现在做餐馆经营，不仅要善于向同行学，也要善于向从事不同行业的管理者学习，学习他们最具特色的地方。

（3）要制造精细化服务。所谓的制造精细服务指的是为顾客打造个性化、定制化、人性化的服务。精细化服务是一种具体的实际行动，也是一种最具魅力的服务，它要求经营者必须对顾客需求中的细节部分予以密切关注。每个客户的需要都不尽相同，服务人员要尽己所能地满足客户的个性需求，如此才能让顾客认同自己的餐馆和产品。

第五章

重在管理

全方位的餐馆管理策略

1. 管理者素质决定餐馆命运

不管在什么类型的企业里，管理者个人的素质都对整个企业的成败起着决定性的作用，餐馆也不例外。在这里我们所指的餐饮业管理者更多的是指老板。那么，要想成为一个合格的管理者，应具备哪些素质呢？

（1）餐饮企业管理者要具备良好的道德素质，其中既包括良好的社会道德品质也包括良好的职业道德品质。

良好的社会道德品质即高度的社会责任感。在企业经营管理活动中，餐饮企业管理者既追求企业的经济效益，也注重社会效益。当企业的经济效益与社会效益发生冲突时，餐饮企业管理者应合理地加以协调，绝不能一味追求企业自身利益，而置社会效益于不顾。餐饮企业管理者应该把企业的使命和责任不局限在生产、销售产品、提供服务和获得利益这种狭隘的范围之内，而要扩展到企业活动所涉及的广阔的社会效益上来，并注重把二者有机协调和统一。

良好的职业道德品质指的是，餐饮业老板必须以企业整体利益为主，而不为个人利欲所纠缠和困扰；他们必须胸襟开阔，而不靠耍手腕、耍心机去对待同事和下级；他们必须公正、诚恳地待人处事，而不任人唯亲、厚此薄彼；他们必须勇于承担责任，而不是诿过于他人；他们必须言而有信，言行一致，而不是出尔反尔，言行不一。

（2）餐饮企业管理者应具备基本的知识素质。餐饮企业管理者的知识素质及其对企业经营管理的影响一直是教育界高度重视的问题。餐饮企业管理者应该受高级正规教育已成为一条规则。餐饮企业管理者应该具备的知识素质一般包括法律知识、管理知识、专业知识和相关知识。

法律知识：国家颁布的与企业相关的法律、法规和政策等。

管理知识：这主要包括管理科学的基本原理和方法，餐饮行业及企业的特殊规律与方法以及经营餐馆要求具有的管理知识。

专业知识：这主要包括餐饮企业生产或经营工作的特点、方法、程序及专业要求等。

相关知识：这主要包括与专业知识和与餐饮企业现代管理知识相关的知识。

餐饮企业管理者知识素质最突出的特点是知识的广博性、复合性和动态性。也就是说，餐饮企业管理者既要精通餐饮业方面的知识，又要掌握与该学科相关的知识，如营销学、心理学、金融等领域的知识，还要随着社会的发展、科学技术的进步而不断更新知识和扩大知识面。

（3）餐饮企业管理者应具备良好的个性心理素质。良好的个性心理素质是餐饮企业管理者不可缺少的重要素质，也是影响其经营管理效果的一个重要因素。

餐饮企业管理者的个性心理素质，是指餐饮企业管理者个人心理面貌稳定性倾向的总和。一般包括自我意识、气质、情绪、意志和兴趣等。健全的餐饮企业管理者个性心理素质应当包括：

强烈的自我意识：自我意识是人类主观活动的高级形式，它包括自我概念、自我评价、自信心、独立性等内容，反映人们认识自己、评价自己和表现自己的能力。优秀的餐饮企业管理者大都具有强烈的自信心和独立性，他们不墨守成规、优柔寡断，而是敢冒风险、勇于创新。他们能主动地、毫不畏惧地面对任何困难和挑战，相信自己的能力。因此，自信是优秀餐饮企业管理者的第一个心理要素。

独特的气质：气质是指一个人的情感力量及其外部相貌的个性特征。餐饮企业管理者在其经营管理活动中，应具有热情、有胆识、有气魄、思维反应和行动极为敏锐的气质，并热衷于自己的事业，勇于开拓，敢于进取，沉着坚定，善于在瞬息万变的复杂形势下抓住机遇，因而常常能有效地把握企业发展的命脉。

稳定的情绪：情绪是指人对事物或他人一种态度的反应。稳定的情绪表现在对事业的热情、执着和善于控制自己的感情以及具有持久、乐观的心态等特点。餐饮企业管理者面临的经营环境是复杂而多变的，带有很大的不确定性、竞争性和风险性，难免要遇到种种棘手的问题。因此，餐饮企业管理者必须具有稳定的情绪，无论在顺境还是在逆境中，都能保持清醒的头脑，以高度的沉着和冷静进行思考、分析和行动。

坚强的意志：意志是指某个人在从事一种有目的活动时所进行的选择、决定与执行的心理特点。坚强的意志表现为对待事业坚持不懈、百折不挠、不达目的决不罢休。餐饮企业管理者在驾驭企业、实现企业目标的过程中，往往要历经坎坷和磨难，有时甚至遭到讽刺、打击和冤枉。只有那些意志十分坚强的餐饮企业管理者才能知难而进，在逆境中开拓，为实现企业的目标而努力拼搏。

广泛的兴趣：兴趣是指人对某种事物的积极的认识倾向。广泛的兴趣表现为强烈的好奇心与旺盛的求知欲。餐饮企业管理者应该具有广泛的兴趣，不仅对本职工作感兴趣，而且对相关工作感兴趣；不仅对企业活动感兴趣，而且对社会活动感兴趣。广泛的兴趣有利于提高管理人员社交面，提高获取信息的能力。

（4）餐饮企业管理者的经验素质。餐饮企业管理者的经验素质是指企业管理者在经营管理企业方面的实践锻炼和经验方面的积累。经验对于餐饮企业管理者来说具有十分重要的意义，这主要是因为经验是形成经营管理能力的中介，是知识升华为能力的催化剂。一个拥有全面的经营管理知识而不具备较强经营管理能力的人，只能成为一个“高分低能”的空谈者。一个受过良好管理教育的人，只有与实践相结合，具备了丰富的经营管理经验，才能成为优秀的餐饮企业管理者。

2. 靠能力解决实际问题

餐饮企业管理者的能力是餐饮企业管理者各项素质有机结合所形成的综合能力。它表现为餐饮企业管理者凭借自身所具备的各种素质，把知识和经验有机结合起来具体运用于企业经营管理过程的能力。只有当把这些素质具体运用于解决企业经营管理的实际问题时，才能转化为能力。

（1）决策能力

作为企业真正的领导者和驾驭者，餐饮企业就要求管理者必须具备决策能力，即能够做出正确的决定，并且要具有将正确决策付诸实践的勇气和使别人相信决定是正确的能力。餐饮企业管理者的决策能力关系企业生死存亡，是管理者应该首先具备的能力。

（2）组织能力

餐饮企业管理者要为企业建立能满足企业生产经营活动需要的组织结构，合理地配置人力资源和其他资源，制定科学的组织规范，建立起一套科学、完整的责任制体系，为提高工作效率和劳动效率奠定坚实的组织基础。

（3）协调能力

在企业内部，管理者要经常与自己的同僚、部下以及员工交往；在企业外部，管理者又经常与供应商、顾客和社会管理部门打交道。这就要求管理者应该具备较强的协调能力，即正确处理各种关系和矛盾的能力。只有企业内部上下级、各部门、员工之间关系协调，才能形成强大的凝聚力，使企业的各项工作正常运转。只有企业与外部环境关系协调，才能树立良好的企业形象，从而赢得消费者的信赖以及社会各界的支持，使本企业的各项事业更快发展。

（4）创新能力

现代市场经济是一种竞争性很强的经济，企业想要在竞争中处于有利的地位，就必须使生产经营活动独具特色、独领风骚，始终处于行业领先的地位，以增强企业的竞争力。这就需要餐饮企业管理者对新生事物具有高度的敏感性，要有丰富的想象力和宽阔的视野，要有锐意进取的雄心和勇气，要有接受和采纳新观念、新方法、新技术的胆识与气魄。

（5）激励能力

餐饮企业管理者的激励能力表现为善于调动下级的积极性，使下级保持旺盛的工作热情和强大的工作动力。在企业管理的过程中，管理者需要将员工的行为引导到实现企业目标的方向上来，并对有助于实现企业目标的行为进行强化。激励是管理者引导和强化员工行为的重要手段。餐饮企业管理者的激励能力具体表现为以下3点：准确地了解员工现实的基本需要有哪些，因为满足员工的这些需要是提高其工作积极性的前提；重视员工精神需要的满足，这是使员工树立起健康的、进步的、高尚的工作态度的关键；综合运用各种激励手段，这是增强企业整体活力的有效对策。

（6）用人能力

餐饮企业管理者的用人能力主要表现为管理者是否能做

到知人善任。“知人”，即了解人。管理者要善于了解自己的助手和部下的思想、性格类型、特长倾向、知识水平、工作能力和兴趣爱好等，为正确地任用人才奠定基础。“善任”，即任用人、管理人，管理者应该根据每个人的具体情况，恰当地安排任务，从而做到人尽其才、才尽其用、才职相称、各得其所。

（7）规划能力

餐饮企业管理者的规划能力表现为能够在进行市场调查研究、市场预测和分析、企业内部人财物等资源分析的基础上，制定企业经营的目标，科学地设计出实现目标的步骤，使企业的各项工作在动态的客观环境中，随着时间的推移高效而有序地展开。

（8）判断能力

餐饮企业管理者的判断能力主要表现为善于调查了解企业各方面的情况和外部环境的态势，科学地加以分析，及时发现存在的问题，以便对出现的各种异常现象做出科学的符合实情的判断，并采取相应的改进措施。判断能力是管理者科学决策的前提。企业在激烈的市场竞争中，存在着各种各样的机遇和风险，管理者应该凭借自己的判断能力，审时度势，做出科学的决策和果断的指挥。

（9）应变能力

餐饮企业管理者的应变能力是指其能及时地调整企业的既定目标、方针、计划、战略及策略，以适应外部环境的要求。在企业的经营过程中，管理者要密切注视外部环境和内部条件的变化，客观地分析发生这些变化的原因及其对企业经营活动造成的影响，及时采取各种有效的对策和措施，避免失误，以降低风险、抓住机遇。

（10）社交能力

餐饮企业管理者的社交能力主要表现在与企业内外、上下、左右的有关人员交际和往来上。在企业的经营过程中，餐饮企业管理者要代表企业与供应商、顾客、银行及工商、税务、环保、卫生等部门交往，在进行这些交往活动时，要具有强烈的公共关系意识和能力，要善于处理各种复杂的关系和应付各种局面，处理好企业与社会诸方面的关系，树立良好的企业形象和企业管理者形象。

3. 握紧餐馆的控制权

企业老板最怕的莫过于失去对企业的控制。因为它意味着资产的流失。那么如何才能保证老板对餐馆的控制呢？

（1）审查财务月报表

审查时要注意以下3项数据：

营业收入：反映餐馆的经营状况，是否能完成预定的经营计划。

营业利润：反映餐馆的管理水平，体现成本控制情况、费用是否合理，是否能实现预定的毛利率指标。

流动资产总额：餐馆在一定经营阶段内，固定资产一般变动不大，因此，流动资产在一定程度上就体现了餐馆资产变动情况，特别是可以控制、调动的资产，也是比较容易流失的资产。

以上3项数据应达到经营计划的同期指标，如不能达到，要及时查明原因，防止出现更大的问题。

（2）定期审计

审计范围包括餐馆所有的资产，要做到账钱相符、账物相符；要检查固定资产的完好率。审计时间间隔要适度，因为审计时要查账、盘库，过密会影响餐馆的营业；太疏则不利于控制。审计中如发现有资产流失的情况，要及时查处。

（3）控制毛利率

以预定综合毛利率的实现情况作为厨师长和加工生产部门的考核指标，并与其劳动报酬、奖罚挂钩，这不仅有利于制品的成本控制，使既定的制约机制发挥作用，还能有效地防范以下进货整体程序中的串通。因为进货是由采购、保管、厨师长（或主厨）按岗位各司其职、各负其责、相互制约而构成的一个完整程序，前面是采购花钱的口子，后面是厨师长监控的阀门。漏洞的形式是原材料的质、量和购货单价、总金额不符形成差额。实际上，无论餐馆的管理如何严格、精密，这个漏洞总是会存在的，毛利率限制厨师长不可能开更大的口子，那么钻漏洞所得的利益根本不值得去冒风险，这样就在很大程度上堵塞了漏洞，即使有点滴漏也不会伤筋动骨。

（4）限制打折权

打折是餐馆经营时吸引顾客的常用手段。但如果拥有打折权的人过多，就会失去控制。

常见的有两种漏洞：

一是收款员借打折为名贪污营业款。如果收款员有权在收款时打折，或有权打折的领班串通收款员在收款时打折，那么每天只要做几张打折的账单，贪污的金额累计起来就会十分惊人，而且绝对查无对证。

二是滥用打折权。餐馆打折是有原则的，对象一般是常客、一次性消费较高并可能成为潜在大客户的顾客，或其他有利于餐馆经营的顾客。所谓滥用打折权就是不顾餐馆的原则，随意打折。这样做会严重影响餐馆的利益。

所以，老板要限制打折的使用权限，包括批准人、折扣比例。一般只有经理或老板有权打折，而不能让收款员、领班拥有批准或直接打折的权力。批准人要在销售小票上注明打折的原因、对象，折扣不能超过授权比例，并签字以示负责。老板要通过调查、顾客访问等方法控制打折的滥用。

（5）加强柜台服务员销售业绩的考核

在管理体系中，是由出纳对收款员进行制约的，主要方法就是将销售小票的收款联和传菜联进行对照。因为有流水号的限制，通过毁字进行涂改是无法实现的，但可以通过更改销售小票做手脚；而传菜联由传菜服务员直接交给出纳就是为了制约这种行为，如两联对不上，就表明有问题发生。但如果出纳和收款员串通共同更改销售小票，就将失控。唯一的对证就是值班服务员保存的销售小票存根联，但一般的中小餐馆对这一联的保存并无特别的规定，往往就遗失了，但如果以值班服务员的销售业绩作为其劳动报酬、奖罚的依据，存根联对餐馆和值班服务员就很重要，他们就会特别仔细地保存这一联，并且可以通过统计销售来检验实收营业额。

（6）核对采购价格和控制货款支付权

采购有两种形式：由外购和供应商送货上门。核对采购价格就是对采购的制约，因为在外采购，价格是由采购者自己经手的，极不易控制。老板只有通过经常做市场调查，比较清楚地掌握主要外购原材料或商品的价格，并与采购报表进行核对，才能实现控制。而送货上门看起来比较好控制，因为毕竟货先到手中，大多又是用后付款，价格一般也较为稳定、规范；但实际上也存在漏洞，因为供应商为了打开销路、占领市场，一般都在价格中含一部分回扣或好处费，用来返给客户单位中有进货权的人，所以，老板不能把支付货款的权力放出去，必须自己牢牢地控制住，厨师长说能用可以留下来用，但要把钱结走就必须等老板把价格里面的事情弄清楚才可以。所以，未经老板签字批准，任何人都不能付款。

4. 狠抓成本管理

开设餐饮店，自开业之初就应该严格抓好成本控制。成本控制的成功与否，将直接影响餐饮店经营的利润。影响成本控制有多方面的因素，如日常经营费用成本、餐饮成本，包括原材料成本、劳动力成本和设备折旧成本等。如果成本控制得好，就会降低许多无谓的费用。降低成本就是扩大利润，从采购、验收、仓储、发放、粗加工、切配、烹饪、服务到收款，每一环节都影响餐饮成本。

（1）家族经营管理的餐饮成本控制

如果开业的餐馆规模不大，而且雇工少，是纯粹家族式经营，那么成本控制比较容易，因为这样的餐馆，往往一人身兼数职，如老板兼厨师，厨师或老板娘兼服务员、收银员等，费用会较低。

如果开业的餐馆规模较大，但关键的岗位，如采购、烹饪、时务的经理等仍是家族人员担任，成本控制也相对容易。虽然家族式的经营在工作中也存在许多矛盾，但只要用心，还是比较好协调的。

（2）非家族经营管理的餐饮成本控制

经过资金积累，餐饮店已经扩大规模，经营管理也步入正轨。若想把餐馆成本管理控制成一流的，光靠家人或几个人抓是不行的，必须靠科学化、标准化的管理来控制餐饮成本。

首先，要抓好食品的成本控制。

食品的成本控制首先要确定期望的毛利率。毛利率要根据经营特色制定，一定要合理。在餐饮经营中，除去成本即为毛利。食品成本与营业成本之比，再减去毛利率，就是食品成本率。

①采购。

②验收。

③库存。

④发放和出库。

⑤切配：切配时应根据原料的实际情况，整料整用，大料大用，小料小用，下脚料综合利用。

⑥烹饪：不能忽视调味品所占成本的比重，以避免浪费。烹饪出的菜肴要正宗，符合色、香、味、形的要求，避免使用烹饪质量不过关的原料，以免引起浪费。

⑦服务：在服务过程中，虽然菜品直接成本不明显，但一些不负责任的服务引起的食品浪费数目也不小。

⑧杜绝漏记或少记菜点价格防止漏账或逃账。

⑨杜绝收银员和其他工作人员的贪污舞弊行为。

其次，狠抓商品的成本控制。

商品的成本控制主要包括以下几个方面：

①采购时，要选择商品质量好、价格低的供应者，以防止质次价高，使成本上升。

②合理库存，避免积压资金。

③库存管理时，对于即将过期或变质的商品，要及时处理。

④防止丢失和假冒伪劣产品入库而引起客人投诉，增加成本。

⑤防止服务人员偷吃和贪污舞弊行为。

（3）其他方面的成本控制

①办公费用。要制定一套严格的办公、行政费用开支管理制度，人人遵守。

②劳动力成本控制。可参照同行业的平均工资执行标准，提高工作效率，使成本相应降低。

③能源费用。培养员工良好的节约习惯。

尽管餐饮成本控制比较复杂，但若能有组织、有计划地进行控制，就能不断地降低餐馆的经营成本，增加收入。

第六章

管人留人

培养海底捞式的优秀员工

1. 给员工“家”的感觉

对于任何一种管理策略来说，管人都是重中之重，接下来，我们就用较长的篇幅来讨论一下如何管理餐馆员工。

在前文中，我们曾为大家介绍过海底捞是如何给顾客提供优质到“变态”的服务的，那么，海底捞究竟是用了什么办法让员工们心甘情愿地做到这一切的呢？海底捞董事长张勇的一句话道破了其中的秘密：“当他（员工）把心放在工作上的时候，他就会替你去揣摩顾客的心思。”

海底捞的每一位员工都知道，海底捞是一个大家庭，创始人张勇是这个大家庭的家长，而全体员工则是这个大家庭里的成员。海底捞所有成员都有一起在为顾客服务的感觉，他们把顾客当成了自己的老板，而张勇只是这个团队的带头人。海底捞是个大家庭，所有成员在这个大家庭里亲如兄弟姐妹，为了打造属于自己的海底捞而努力奋斗。

为什么海底捞能让员工产生家的感觉？这一切都源于张勇真诚对待自己的员工，正如张勇所说：“人心都是肉长的，你对人家好，人家也就对你好；只要想办法让员工把公司当成家，员工就会把心放在顾客上。”为此，海底捞为员工提供了各种奖励机制，一视同仁的食宿待遇，除此之外，还在给予员工工作与生活上的支持和帮助，比如员工生病，宿舍管理员则会悉心照料，陪同生病的员工看病、照顾饮食起居。

餐馆最宝贵的财富和资源就是员工。甚至可以说，没有员工就没有餐馆的未来，留住员工除了要依靠薪水之外，还要对他们付出情感，让他们感觉到自己是餐馆大家庭中的一员。而餐馆要想让员工感觉到家的感觉，就要从以下3个方面做起：

第一，餐馆管理者必须有亲和力。餐馆管理者必须拥有亲和力，必须像对待兄弟姐妹一样对待员工。餐馆管理者要时刻与员工保持亲密的距离，使员工感到主管平易近人，有困难可以找管理者帮忙，增进沟通和了解，使员工感到安全与信任。如此，餐馆就可以从上到下建立人人平等，一视同仁的氛围，让餐馆像一个大家庭一样，人与人之间十分融洽，气氛十分和谐。如此，员工工作的积极性就能得以提高。

第二，要把对员工的关怀体现在细节上。餐馆管理者要在工作上关心培养员工，生活上细心照顾员工，待遇上尽量满足员工。比如在每一个员工宿舍，都配置一个小药箱，如果有员工偶感不适，都可以得到及时的治疗；用餐时，从领导到员工都要吃同样的饭菜，以让员工产生平等以及被尊重的感觉；每逢节假日，或者员工生日，都为员工提供精美的礼物……

第三，要关怀员工的亲属。餐馆管理者在关怀员工的同时，也要关怀员工的亲人。比如，员工的亲人来探亲，安排专门的人员接送，并安排员工家人吃饭，谈谈员工在餐馆工作生活的情况。在员工返回家乡时，为员工亲人送一份当地的土特产。餐馆管理者要把员工的亲人当成自己的亲人，要像对待自己的亲人一样接待好员工的亲人。如此，就能因为感动员工而把员工的心留下。

2. 允许员工在成长中犯错

员工是企业的重要财富，然而，任何员工在为企业工作的过程中都难免犯错误，对待犯错误的员工，管理者应该抱以包容的态度。允许员工在成长中犯错，是保证餐馆效率提高的重要因素之一。

很多餐馆管理者总是在批评员工时说“你怎么这么笨，做什么都犯错”，但管理者自己似乎忘记了自己以前做同样的事情时也犯错，自己也是在不断总结错误的过程中成长的。如果员工一犯错就受批评，那员工就不会愿意再去干自己不熟悉的事情，也不会愿意去想新的办法来解决问题，以免被批评，久而久之部门就会变成一潭死水，没有创新，没有活力。在对待员工犯错的问题上，餐馆管理者应做到以下3方面：

第一，犯了错误要鼓励员工承认错误。犯错误是不可怕的，最可怕的是犯了错误不肯承认，餐馆管理者要让员工不为自己的错误找借口，鼓励他们勇于承认自己犯下的错误。鼓励他们承认错误，才是让员工在犯错中成长的第一步。

第二，鼓励员工勇于犯错，但不允许重复犯错。每一位员工都会犯错，餐馆管理者要鼓励员工犯错，员工勇于犯错，餐馆才能有创新有进步，充满活力，但是重复犯错是坚决杜绝的，一个员工犯错了应该让全体员工借鉴经验，避免重复犯错，共同学习和进步，创造一个良好的创新和分享的环境。

第三，不要把“允许员工犯错误”作为标榜人性化的口号。每当问到很多餐馆管理者是否允许自己的员工犯错误时，无论是普通经理人还是高级经理人经常自豪地说，他们允许员工犯错误，并认为这样做显得自己的管理思想很人性化。其实这种想法是不理智的，如果认为员工就应该犯错误，并把它看成是一种先进的管理，那无疑是进入了一个误区。最为关键的是要杜绝员工犯错误，而不是把犯错误当成一种追求，要保证员工在犯错中成长。

人非圣贤，孰能无过。任何人都会犯错误，大人物会犯大错误，小人物会犯一些小错误，关键在于能否从中吸取教训，分析犯错的原因，避免今后重新犯相同的错误。犯错误未必是一件坏事，它可以让员工看到自身的缺点，体认到自己的不足，这样他们才会从错误中逐渐成长起来。

3. 员工要牢记“四不准”

能够让客人在用餐的时候得到足够的尊重是赢得顾客真心的重要决定因素之一，正是基于这方面的考虑，海底捞给员工制定了四不准的工作准则，这些准则也可以成为其他餐馆约束员工的标准。

首先，不准给客人脸色看，不准与客人争吵。餐馆服务员在给客人提供服务的时候，难免会遇到生气、抱怨的顾客，甚至会遇到无理取闹的顾客。服务员面对这些顾客能否恰当处理，能否让顾客满意，决定着餐馆的声誉。

那么，服务员在遇到这些顾客时应该如何应对呢？面对生气的顾客，要任其发泄，并积极对客人生气的事情给予帮助，待客人冷静后，再关心地询问顾客为何而生气，并积极为客人解决问题，如果客人的怒气不减反增，就要找领班或经理来解决；面对抱怨的客人，要找出客人为何而抱怨，如果是对菜不满意，要为其积极调换，如果是对服务不满意，要积极改变；面对无理取闹的客人，要礼貌对待，除提供必要的服务外，避免离桌太近。如果客人太过放肆，应避免争吵，要向经理报告。这就是餐馆员工在面对这些客人时应该有的态度，餐馆服务员要虚心接受客人的意见和抱怨，不论任何情况都不得将个人情绪带到工作中，绝不可与客人争吵，对顾客提出的合理要求应尽量满足。如果发现自己不能处理，就要把情况报请领班，或者经理处理。

其次，不准因客人的打扮而轻视客人、议论客人。餐馆可能遇到形形色色的客人，特别是一些打扮奇特的客人。很多员工在看到这样的客人时，喜欢对其评头论足。这会给客人带来不好的影响，而且客人一旦发现就会十分生气，这自然会影响顾客的用餐的心情。

海底捞不仅规定餐馆员工不得讥笑、议论相貌打扮奇特的客人，同时也不准嘲笑不了解菜式，不知道怎么吃，不知道如何使用器皿，不慎跌倒的客人，对客人必须拿出十二分的尊重，让顾客感受到餐馆的诚心与真心。

再次，不准因与客人认识知道客人的过去而议论客人。因为一些顾客经常去餐馆吃饭，就变成了餐馆的老顾客，而因为熟悉，餐馆员工可能会知道这些顾客一些并不光彩的过去。餐馆员工不能把顾客这些不光彩当作自己的谈资，这样势必会对顾客造成伤害，造成老顾客的流失。

最后，不能将客人掉在餐厅的物品据为己有，应主动上交吧台。餐馆是人群聚集的地方，来餐馆用餐难免有顾客会出现丢三落四的事情，有些顾客会把钱包丢在餐馆，有些顾客则会把衣服之类的东西丢在餐馆。如果餐馆人员在收拾整理的时候捡到顾客落在餐馆的东西，必须第一时间交给吧台，以便顾客来认领，绝不可把这些东西据为己有。

4. 让员工“当”老板

在竞争日益激烈的今天，如果你是老板，一定会希望员工能和自己一样，将公司当成自己的事业，更加努力，更加勤奋，更积极主动。这就是所谓的员工要有老板的心态，餐馆要想经营得出色，要让员工不仅扮演普通打工仔的小角色，勤奋踏实地完成分内工作，还要让他们以主人翁的姿态，时刻维护公司的利益。海底捞崇尚每名员工都是有责任的“老板”，正是依靠这种责任心，海底捞逐渐成长为餐饮行业中的佼佼者。

让每名员工都成为公司的“老板”是海底捞员工管理的精髓之一，在这一管理精髓下，海底捞的每名员工都能做到自动自发的工作；那么，海底捞是如何让员工以老板的心态来工作的呢？首先，海底捞为员工提供了广阔的发展空间。为员工提供广阔的发展空间是让员工自动自发工作的重要决定因素，与很多餐馆不同的是，在海底捞只要肯努力、肯吃苦就有机会得到晋升。这种晋升不以学历为标准，在海底捞，甚至连初中都没毕业的人只要踏实肯干，就能获得晋升的机会。如此广阔的发展空间，能够最大限度提升员工工作的积极性，让他们始终以自动自发的态度积极投入到工作中去。其次，海底捞还鼓励员工成为企业的主人。餐饮行业的竞争是非常激烈的，火锅行业的竞争则更为激烈。而餐馆要想在激烈的竞争中脱颖而出，就要鼓励员工成为餐馆的主人。海底捞在发展中不仅鼓励员工努力工作，还充分调动员工的主人翁精神，让员工可以积极主动地去投入到工作中去。

正是依靠员工的老板心态，海底捞才成长为今天的海底捞。正如张勇所说：“海底捞的发展离不开员工，当员工将海底捞当成自己的企业后，他们的热情便被充分调动了起来，在这种良性的发展氛围下，人们也便看到了海底捞的今天。”张勇的话给餐馆经营者带来的启示是，要鼓励员工以老板的心态工作。

以老板的心态对待工作，就会考虑企业的成长；就会知道什么是自己应该做的，什么是自己不应该做的；就会像老板一样地思考、行动。餐馆老板最想看到的就是每一个员工都像自己一样工作，像自己一样为公司着想，为餐馆的利益努力。餐馆老板需要知道的是公司不仅仅是老板一个人的餐馆，而是每一个员工共同的餐馆，共同的家。要鼓励员工像爱自己的家一样爱公司，珍惜它、爱护它。除此之外，要鼓励员工去节约资本，把餐馆的钱当作自己的钱，坚决不浪费一分钱，凡事讲节约、讲质量、讲成本、讲效率、讲效果。如此，对于餐馆的发展具有非常大的推动作用。还有，餐馆老板要鼓励员工抛弃消极的打工心态。一个人如果总是抱着为别人工作的态度，那他肯定不会百分之百地投入，工作起来难免会马马虎虎。同时，这样的人容易跳槽，这对餐馆的发展是极为不利的。

要让员工具备老板的心态，就要靠激励来激发员工的责任心。

首先，餐馆要为员工创造赚钱的机会。对于大多数人来说，赚钱是第一位的，餐馆要为他们提供赚钱的机会，要让餐馆员工的生活比其他餐馆的员工好一些，这样他们就会产生优越感，如此就能提升他们工作的责任心，始终为餐馆利益考虑。

其次，要为员工提供晋升的机会，餐馆要为员工创造一种公平、竞争的环境，鼓励员工向上，依靠晋升机会来激励员工好好工作，如此，才能保证员工具有一直往前冲的动力，否则员工看不到目标，再努力干也没有晋升机会，工作的积极性就会消失，更不用说以老板的心态来工作。

再次，要想方设法为一线员工办好事、办实事。餐馆老板要经常深入员工群体、关心一线员工疾苦、倾听他们的呼声。在餐馆各项改革措施的实施上要坚持科学民主决策，凡涉及一线员工切身利益，要坚持员工总体受益，充分考虑一线员工的生活。

最后，要为员工打造可以认同的企业文化。员工缺乏的并不是老板心态，重要的是餐馆创造什么样的文化让职员认同，让职员觉得自己的付出一定是必要的。唯有依靠让员工都信服的企业文化，才能提升员工的责任心。

5. 学习海底捞的人本管理

海底捞的成功很大一部分原因在于能够让员工快乐工作，张勇意识到，只有员工能够快乐地工作，才能服务好客人，而海底捞让员工快乐工作的法则是人本管理。

海底捞的员工以农民工为主，这些人大多背井离乡，在城里没有亲人，最需要的就是情感上的激励，海底捞紧紧抓住员工的这一心理需求，把对员工的关怀充分体现出来。

海底捞在员工日常生活上会下功夫安排。海底捞的住宿条件是比较人性化的，在大多数餐馆都把员工安排在地下室居住的时候，海底捞的员工居住的则是正规楼房，平且人均居住面积不会小于6平方米，每个房间里还有空调、暖气、电视、电脑。在距离上也有很高的要求，员工从宿舍到达店面的时间步行必须控制在20分钟之内。在宿舍卫生打扫上，员工不用自己动手，有专门的人为员工打扫卫生、洗衣服、做夜宵。这种人性化的居住安排方式，让员工感受到自己不但是海底捞的员工，更是海底捞的家人。

海底捞会关心员工的家人。要想让员工安心地工作，除了关心员工本人外，还要关心他们的家人，海底捞就做到了这一点。在海底捞，只要是领班以上的干部，其父母每月会直接收到公司发的几百元补助。对于员工来说，子女教育的问题是非常重要的，为了让员工安心工作，海底捞在四川简阳建了一所寄宿学校，让员工的孩子可以就近读书，如此员工就能以饱满的激情投入到工作中去。

海底捞还会公平对待每一位员工。通畅的晋升也是海底捞服务差异化战略的核心保障。针对员工素质参差不齐的现状，海底捞提供了管理线、技术线、后勤线3条晋升途径供其选择。海底捞的员工大多出身贫寒，文化水平较低，没有背景，这样的员工正是最渴望公平的人。然而，在海底捞学历不重要、资历不重要，只要正直、勤奋、踏实，每个员工都能成功。

这就是海底捞的人本管理方式，在这种人本管理方式下，人性化被充分体现出来，而员工工作的积极性也被充分调动起来，让他们以更饱满的激情投入到工作中去。海底捞的人性化管理告诉餐馆经营者，要把人本管理纳入到日常管理中来，依靠人本管理来激发员工工作的积极性。要达到这样的效果，就要做到以下几点：

首先，要尊重员工的劳动。没有员工的劳动，就不会有餐馆的经营与发展。所以餐馆应该尊重员工的劳动，具体来说就是要保护员工合法的劳动所得，员工收入体现多劳多得的原则。餐馆经营者应该明白员工的工资是自己的劳动所得，并不是老板的施舍，要让员工感觉到自己的劳动得到了尊重。除此之外，餐馆还要对为餐馆工作多年的老员工给予更多的关心与照顾，让他们也可以感觉到自己被尊重。

其次，要肯定员工的尊严。人都有被尊重的需求，人如果得不到尊重，就不会有积极性。在一定意义上说，尊严可以产生生产力。由于餐馆员工的学历普遍不高，社会地位也不高。在这种情况下，肯定员工的尊严就显得非常重要。餐馆要肯定员工的尊严，可以从很多方面入手。比如，像尊重顾客一样尊重自己的员工，具体的方式可以是每年春节高级管理人员为员工亲手包一顿饺子，并为员工做一天的服务员。这种角色转换的方式能够体现出餐馆对员工的尊重，让员工感觉到有尊严。

最后，要重视员工培训。培训是一种增强餐馆竞争力极有效的途径，员工的素质培训是餐馆成功的必由之路，高质量的培训是一种高回报的投资。培训员工，不仅能为饭店带来更高水平的服务绩效，还能体现出餐馆的人性化管理，并可以帮助餐馆吸引和留住最好的员工。一些有志于餐饮业发展的优秀员工，都会选择能给予各种培训的饭店，这样不但能够促进他们的事业发展，还能让员工感觉到餐馆的关怀。餐馆经营者需要做到的是重视员工培训，为员工制定合理的职业规划，让员工不至于因为工作疲倦而产生心理上的疲倦感。

6. 用“麻将精神”去工作

在所有员工精神中，麻将精神被很多企业所推崇。而所谓的麻将精神指的是用打麻将的态度去工作，打麻将的工作态度是积极向上的，是有利于企业发展的。餐馆经营也应该把这种工作精神纳入到工作中来，以促进餐馆的发展。海底捞有太多的东西值得火锅同行学习，而其中的麻将精神就是典型的代表。

既然很多企业都推崇麻将精神，那么，海底捞的麻将精神具体体现是什么呢？海底捞的麻将精神是上海五店的夏鹏飞提出的，主要体现在以下5个方面：

第一，随叫随到，从不拖拖拉拉。爱打麻将的人从来都是随叫随到。特别是“三缺一”时，不论手头上有什么事情，只要是能抽得出时间，肯定是随叫随到，从来不会拖拖拉拉。如果员工能把这种精神融入到工作中去，那么，餐馆必然能够因为员工的积极主动而顺利发展。海底捞的员工就具有这种自动自发的工作精神，正是这种精神带来了海底捞的飞速发展。

第二，不在乎工作环境，专心致志。打麻将的人不计较环境，输了不会埋怨他人，你有没有看到过打麻将的人，一进来就说，那个吊灯好像高了点之类的问题？这种不计较的心态也是工作中所必须具备的。海底捞的员工从来不会计较环境的好坏，不管是在哪一家门店，都会拿出不计较的态度为顾客奉上最真诚的服务。

第三，拿出十二分的敬业精神。打麻将的人是十分敬业的，只需一张桌子，哪怕环境再不好，打麻将的人也会“敬业”地打下去。打麻将的人不但不会迟到，还不会早退，常常会加班，然后勤奋到熬夜。在玩的时候，常常会玩过夜里零点，并且玩的时间再晚也没有人埋怨。这是一种打麻将的状态，而员工如果具有这样的工作状态，定然能够促进企业的飞速发展。海底捞的员工就具有这样的敬业精神，他们始终把敬业放在第一位，始终兢兢业业地为顾客服务。

第四，懂得自我批评、换位思考。打麻将有一个很好的习惯，在整个过程中，很少去批评别人，更多的是自我批评，一旦打错了一张牌，就会十分懊恼，总是会做自我检讨，很少去责怪别人。同时，打麻将的人还懂得换位思考，打了几圈如果只是输，就肯定会觉得自己坐的位置风水不好，提出重新选位；有的人习惯用右手摸牌，如果总是不来好牌，就会认为这只手运气不好，立刻换另一只手来摸。海底捞的员工常常会换位思考来为顾客提供服务，并且在遇到困难的时候，还懂得转变一下思路，或适当改变一下工作习惯。

第五，打麻将的人会主动学习。打麻将的人还会自动完善自我，为了赢钱，就去自动学习打麻将的技艺。这种自动学习的态度也是员工们应该具备的。海底捞的员工就具有这样的学习精神，他们会通过学习来提升自身的工作能力，以为顾客提供更高质量的服务。

这种以打麻将的心态去工作的态度是每个员工最应该具备的态度，也是每位餐馆经营者应该学习的管理智慧。餐馆经营者要始终把这种“麻将精神”融入到日常管理工作中去。而要想充分把这种打麻将精神融入到工作中去，除了要做到以上所述的5个方面外，还要做到以下3个方面：

①专业精神。在很多餐馆中，很多员工都没有专业精神，工作马马虎虎，在打麻将时却非常专业。他们能用手摸出具体是哪张牌，并且可以得知他人需要什么牌、胡什么牌。这种专业精神是让人非常敬佩的。餐馆员工要具备这种专业精神，把专业服务运用到位餐馆服务中去，如此就能提升餐馆的美誉度。

②不怕输的大无畏革命精神。打牌或打麻将都有不拍输的大无畏精神，今天输了，明天还希望能赢回来，没有人会因为输了钱而放弃，即使是屡战屡败，也会越战越勇。这样的精神如果运用到餐馆工作和学习中去，就能为餐馆带来发展。

③平易近人。打牌时，大家的地位都是平等的，打牌无父子，只有兄弟姐妹。在牌桌上，如果有烟，肯定是大家都抽，而不考虑是不是领导，是不是下属，如此就能体现出平易近人的精神。餐馆管理者要把这种平易近人的精神纳入到餐馆管理中去，自身要时刻保持这种平易近人的精神，给员工以充分的尊重，从而提升员工工作的积极性。

第七章

成本核算

给餐馆最大的利润空间

1. 弄懂销售价格的秘密

餐饮产品不同于普通的零售商品，要赚钱，先要给餐饮产品定价，因为你销售的就是这些产品，价格确定是第一步。价格的高低影响着产品的吸引力，也影响着产品的销售。所以，这就要求我们弄懂价格的秘密。

对于任何一种餐饮产品，其销售价格应能弥补必要的成本费用，并获取一定的利润。其价格构成由以下四部分组成：

（1）食品或饮料的成本

在计算成本时，将净原料的费用除以净料率，可得净料的百分比。举例来说明，如果净料是80%，制作一份烤牛排要净牛肉150g，进货价格是每公斤15元，那么牛排的成本为：

150×15/1000÷80%=2.81元。

同样，饮料也涉及滴漏损耗问题，在计算一杯净饮料或鸡尾酒的成本时，应把滴漏、溢出的损耗考虑在内。

（2）费用开支

这些费用主要是人工费，另外还包括租金、折旧费、水费、电费、煤气费、行政管理费以及其他费用。

（3）税金开支

任何企业的经营都需要向国家和地方税务局交纳税金。餐饮企业应把营业税分摊到每一菜品或饮料上。

（4）利润

利润是任何资本经营都追求的目标。餐饮产品的销售应能弥补原料成本开支、费用开支、税金开支，同时有盈余，这就是利润。销售价格扣除原料成本所剩下的称为毛利。

了解了价格的构成，接下来我们要牢记餐饮定价的目标：

（1）以利润为导向的定价目标

管理人员根据利润目标，预算经营期内将涉及的经营成本和费用，然后计算出完成利润目标必须完成的收入指标。

要求达到的收入指标=目标利润+食品饮料的原料成本+经营费用+营业税

根据目标利润计算出客人平均消费额指标。在确定目标客人平均消费额指标后，可以根据各类菜品占营业收入的百分比来确定各类菜品的大概价格范围。

（2）以销售为导向的定价目标

有时候出于经营的需要，在定价时追求增加客源和菜品的销售数量。例如，有些餐馆所处的地点过于偏僻或餐馆的知名度较低，为吸引客源，往往在一段时间内将价格定得较低，使顾客喜欢光顾，从而使餐馆的知名度提高。

有些餐馆在遇到激烈竞争时，为了扩大或保持市场占有率，甚至为了控制市场，也常常以低价来吸引客源。但应注意，这样可能会失去或不能产生利润。

（3）以刺激其他消费为导向的定价目标

在餐馆中，菜单上的有些菜品是无利甚至亏损的，但前提条件是这些菜品的销售必须能够刺激其他菜品的销售。

如有的餐馆提供日式火锅时，以象征性的收费甚至免费提供开胃菜，如野山椒、泡菜、黄瓜条等。如果顾客多要一碟野山椒，他很可能就会再多点一份鱿鱼或肥牛，其毛利远远超过那些小菜的成本。

2. 掌握 4 个定价妙招

在商业活动中，价格是非常敏感、直接的因素。每个消费者都希望尽量少掏腰包，尽可能多地消费商品。这就要求消费品价廉物美。所以，每个商家在做到物美的基础上，应该在价廉上多做文章。

当然，也不是价格定得越低越好。因为菜肴定价过低会影响你的盈利，这点刚刚分析过，所以，关键是要会运用。市场经济中的价格，就像魔术师手中的“魔棒”，如果运用得好，会出奇制胜，否则，就会难以为继。

（1）新开业餐馆的价格策略

新开业的餐馆有3种定价策略：市场高价策略、市场渗透价格策略和短期优惠价格策略。

①市场高价策略

餐馆开发新产品时，将价格定得高高的，以牟取暴利，当别的餐馆也推出同样产品而顾客开始拒绝高价时再降价。这项策略适合用于餐馆开发新产品需要的投资量大、产品独特性大、竞争者难以模仿的情况。采取这种策略能在短期内获取尽可能大的利润，尽快回收投资资本。

②市场渗透价格策略

从新产品一开发就将产品价格定得很低，目的是使新产品迅速地被消费者接受，企业能迅速打开和扩大市场，尽早在市场上取得领先地位。就渗透价格策略来说，企业由于获利低而可以有效地防止竞争者挤入市场，使自己长期占领市场。市场渗透价格策略用于产品竞争性大、容易模仿，而且目标顾客需求量大、价格弹性大的新产品。

③短期优惠价格策略

许多餐馆在新开张或开发新产品时，暂时降低价格使餐馆或新产品迅速投入市场，为顾客所了解。

（2）心理定价策略

心理定价策略有两种：一是零头标价；一是心理高价。

①零头标价

零头标价能使消费者产生一种商品价格低于实际价格的感觉，从而吸引更多的顾客。如：

金牌肥牛38元

澳洲西冷29元

澳洲带子98元

合时菜蔬9元

像上面提到的澳洲带子，每斤98元，如果再增加3元，就变成100多元1斤了，而98元对顾客来说就是几十元1斤，几十元1斤和100多元1斤相差多少呢？这就是利用人们的心理来做文章。

②心理高价

有很多顾客都持这样一种看法："便宜没好货""价格高，说明档次高"。我们经常看到有些卖服装的，标价98元卖不动，而当在98元前再加上一个3，变成398元时，却被一抢而空。餐馆或酒吧可以进行市场分析，如果确信其顾客是这种心理时，可以尝试此种策略，但不要违背国家反暴利经营的规定。

法国曾出现过一种顾客按质定价的餐馆。餐馆只标明菜点的成本价，顾客结账时，根据自己食用的多少，对质量、服务的感觉定价付钱，可以多给或少给，甚至不给钱。结果大多数顾客付的钱都超过了食品的价值，使餐馆效益大增。

古人云："仓廪实而知礼节，衣食足而知荣辱。"在中国人的生活水平尚未全面达到小康水准的情况下，对食品在价格上不能没有约束，不能盲目效仿发达国家。标价实际上是对饮食行为订立的一种两厢情愿的价格条约。仅凭良好的愿望，不能改变现存的社会状况。

（3）诱饵定价策略

有些餐馆将一些菜品的价格定得很低，甚至低于这些菜品的成本价格。其目的是把顾客吸引到餐馆来，而顾客来到餐馆后一定还会点别的菜，这些菜品就起到诱饵的作用。

诱饵菜品的选择十分重要，通常选择一些顾客熟悉并选用较多的菜品，选择做工简单的菜品，选择其他竞争餐馆也有的菜品，这样能吸引较多的顾客。顾客会与其他餐馆价格做比较而选择价格便宜的餐馆。

（4）价格折扣与优惠政策

运用价格折扣和优惠政策是餐饮推销的一种手段，在餐饮业中运用很广。

①团体用餐优惠

为促进销售，餐饮企业常常对大批量就餐的客人进行价格折扣，其价格往往比较优惠。

②累积数量折扣

有的餐馆为鼓励顾客经常在店内就餐，以累积数量的折扣价格鼓励客人在店内就餐。一些餐馆为鼓励顾客常来餐馆举办宴会，对常客的宴会价格进行打折。折扣率的大小通常取决于客户光顾餐馆的次数和消费的金额。有的餐馆给常客发放银卡、金卡或白金卡，持有不同的优惠卡，可享受不同程度的折扣。

③清淡时段价格优惠

清淡时段为鼓励客人前来光顾，餐饮企业常在清淡时段给予价格优惠。这种推销手段对餐馆，特别是对经营时间长的餐馆十分有效。

3. 严把成本控制大关

在激烈的竞争中，餐饮业面临着如何进一步提高企业经济效益的问题。这不仅需要千方百计地增加销售量，也需要想方设法控制成本。

（1）成本控制的重要性

首先，来明确一下成本和销售额的概念。

可控成本和不可控成本：可控成本指在短期内可以改变的成本，例如：改变每客菜肴的分量或菜肴的原料成分，即可变成本。不可控成本是在短期内无法改变的成本，例如利息、折旧费等。

单位成本和总成本：每份菜肴、每杯饮料的成本都是单位成本。在一定时期内，所有食品的成本之和即为总成本。了解单位成本，就能更好地控制售价，判断单位产品的获利能力。了解总成本，就能从总体上了解成本和销售额的关系，确定企业总获利能力。

（2）成本控制的重要性

搞好成本控制的重要性：

①可以帮助了解企业的经营管理情况，了解企业能否实现预定的目标。

②通过成本控制能及时发现问题，也便于尽早解决问题。

③可对企业因经济、市场、竞争等方面的变化而采取的各项措施的效果进行评估。

④可使管理人员了解员工是否正确地完成了各项工作。

（3）成本核算

饮食成本核算的特点：

①在经营过程中，具有生产加工、劳动服务和销售3方面功能。餐饮生产的特点是先有买主后生产、现生产现销售，这给餐馆管理和成本核算带来难度，一是销售量难以预测；二是所需原料难以做出精确估计，要求有充足的原材料储存作为物质保证。

②餐饮制品的成本，只包括所耗用的原材料，也就是餐饮产品成本的三要素，即主料、配料（辅料）和调料。

③生产和销售紧密相连，不能按产品逐次进行完整的成品核算。餐饮食品配备的原材料和自制的饮食品，品种繁多，且数量、容量随着市场、季节、消费者的要求经常变化，以适应广大消费者的不同需要。再者，生产和销售均在同一时间，这些决定了它不易按产品逐次进行完整的成品核算。

④餐饮营业收入有较大的伸缩性。餐馆每日就餐人数和人均消费额不固定，成本核算和控制工作做得好，收入多，毛利多；反之，收入少，毛利少。

（4）饮食产品的成本构成

饮食产品的成本是由食品原料成本和属于成本范畴的费用消耗两个方面决定的。对此已有详述，不再赘述。

（5）食品成本控制

在餐饮营业收入中，除去成本即为毛利。食品成本与营业收入之比，就是食品成本率，用公式表示为：

食品成本率=食品成本营业收入×100%

所以说，在确定毛利率的同时也就决定了食品成本率。餐饮部的食品成本率一旦确定，餐馆管理人员就可以此为依据，努力控制食品成本。

（6）饮料成本控制

酒水就像水一样很容易流失，因此必须严格控制和认真管理。酒水的成本控制包括酒单的设计、酒水的采购、饮料的销售服务过程等。

①酒单

酒单如同菜单，是最好的推销工具。总的来说，酒单设计有以下几点要求：

第一，内容完整，简明扼要地叙述各项内容。

第二，印刷清楚，整洁漂亮。

第三，定价合理，明码标价。

第四，设计精美，别具特色。

②饮料采购控制

饮料采购控制要做到：保持饮料产品适当存货，保证质量符合使用要求，以及保证按合理价格采购。

采购人员：无论是哪个部门，都必须指定专人负责饮料采购工作。饮料采购人员不可同时从事饮料配料和销售工作。

采购数量：要确定订货数量，最好是指企业最理想的贮存数量。通常为企业在一定时期真实使用量的150%左右。

采购质量：确定酒水的质量，需考虑价格、顾客的偏好和年龄等因素。

③饮料库存控制

许多高级的酒类价格昂贵，所以要从数量管理上防止损耗。库存得法能提高与改善酒品销售的价值。

酒类极易被空气与细菌侵入，导致变质。所以要建立酒窖、控制存货并做好饮料领发控制。

4. 做精确的餐饮核算

核算是检验餐馆经营状况的唯一方法。通过对收入核算进行分析，可以掌握餐馆的经营现状，了解餐馆经营的成功之处和问题所在，进而调整餐馆的经营方针和方法。

（1）核算每月的收入

首先，核算营业收入。

营业收入是指餐馆的各种营业项目获得的收入。营业收入可分为主营收入和兼营收入。

营业收入的核算依据是各种销售收款凭证。根据销售收款方式的不同，主要有以下几种销售收款凭证：

①销售小票：又称点菜单，我们在前面已经讲过。

②餐券：顾客先到柜台向收款员付款购买餐券，然后由值台服务员按餐券交付食品。这种方法一般用于柜台式服务的餐馆。

③餐卡：由值台服务员在餐卡上注明就餐的顾客人数，由流动餐车服务员在餐卡上登记顾客选用的食品种类和数量，顾客用餐后，由值台服务员将餐卡交收款员核算后收款，收款员按餐进行结算并向出纳交款。

④宴会预订单：由顾客事前预订宴会，一般按双方商定的标准开一式三联的宴会预订单，第一联留存，第二联交厨房配菜，第三联交收款员待宴会结束后凭此联收款。也有使用一式四联宴会预订单的，将第四联交顾客留存以便核对菜品。

其次，核算营业外收入。

营业外收入又称其他收入，是餐馆营业之外获得的收入，如卖废品、处理餐具、固定资产变卖的净收益、罚款净收入、礼品折价收入等。

在核算时，无论是收入还是支出，有很多情况需要经过一段时间才能体现出来，比如采购的饮料，要经过一段时间才能完全销售出去；又如，员工虽然每天都在工作，但一般一个月才发一次工资，所以按日核算并不能反映经营的确切状况。因此，会计方法是每天将当月的收入和支出登记入账，到每月底进行一次汇总结算，计算盈亏。这就是通常所说的“月清月结”。

每月收入的核算就是按月将每日的收入累计起来计算当日的总营业额及全部收入。

（2）测算日均流水

流水是营业额的俗称，是一个很方便的指标，它可以随时反映餐馆的经营状况。在现实中，每天的流水都不是固定的，有时波动的幅度还很大。

测算日均流水的方法其实很简单，就是将选定的时间段内每日的营业额相加再除以该时间段的总天数，所得数值即为日均流水。

测算日均流水通常采用两种时间段，即按星期测算和按月测算两种。这两种时间段在分析经营状况和影响因素时有揭示规律性的参考价值。按星期测算可以迅速掌握和分析短期的经营状况，按月测算则便于找出每年经营的规律，比如淡旺季。

测算日均流水是餐馆的管理者、经营者为了掌握餐馆经营状况所做的一种粗略的估算，它不要求数值的精确性，只要能较为准确地反映经营状况即可，所以我们说是测算而不是核算。

经营状况变化的直接体现就是餐馆流水的变化，对流水的变化分析称为流水的动态分析。通过做流水的动态分析，可以随时掌握餐馆的经营状况变化，利于餐馆的经营者对餐馆的经营做出正确的评估，及时采取措施，保证餐馆经营的稳定发展。

做流水动态分析的另一个重要目的是建立餐馆经营的历史资料或档案，以便从中找出规律性的因素，为未来餐馆在经营中制定具体的策略和方案提供参考依据。

流水动态分析包括以下几点：

①每餐营业额

目的是确定通常每天中的营业高峰期，找出其形成的规律，进而分析顾客的消费行为和心理，以制定有针对性的经营方针。比如，高峰期分别为早餐、午餐或晚餐，顾客的消费行为和心理都不同，图方便的、图实惠的、图风味的、图感受的，都会选择不同的时间去餐馆就餐。只有了解了顾客的消费行为和心理，才能采取正确的措施，达到使顾客满意的目的，进而提高餐馆的经济效益。

②日营业额

根据会计账目记录，通常按星期进行分析，目的是找出每星期中餐馆每天营业状况的变化规律。此外还要单独统计节假日期间的日营业额，以找出节假日期间的经营规律。

③日均流水

目的是掌握餐馆的经营状况，并粗略地估算餐馆的盈亏以及是否达到了餐馆经营指标的要求。短期的按星期测算，长期的按月测算。

④月营业额

根据会计账目精确核算，将每月第一天至最后一天的日营业额加总计算，以便分析一年中按月营业状况变化的规律。

⑤季度营业额

将本季度内3个月的月营业额加总计算，除会计业务要求外，便于找出不同季节的营业规律。

⑥年总营业额

按我国法定的会计年度，即每年1月1日起至12月31日止，将全年12个月的月营业额汇总计算。年总营业额反映了全年的经营状况，便于分析餐馆经营的总体状况和发展变化的趋势。

流水动态分析的基础是完善、准确的会计账目和必要的会计科目及细目，这样才能做出正确的分类统计。

餐馆经营者做流水的动态分析，除依据会计账目外，还要制作数据统计图表，以便直观地反映流水的动态变化。所有的数据、图表和分析，都要作为资料存档备查。

（3）核算每月支出

支出是反映餐馆经营状况的另一个重要指标，人们在习惯上把它统称为成本，分为以下几个方面：

①成本

成本是在餐馆经营过程中发生的与营业收入相关的直接支出，主要包括在外采购的原材料、调料、配料和售出的外购商品的采购金额。

②费用

费用是餐馆进行经营支出的各种必要耗费。一般分为营业费用、管理费用和财务费用三类。

营业费用是餐馆经营部门在经营中发生的各项费用，可设以下细目：

运输费：指餐馆在购进原材料、设备、消耗品等没有计入成本和价格的运输费(包括装卸费)。

包装费：指餐馆为顾客提供打包服务时所消耗的包装用品费。如餐盒、塑料袋、包装绳等。

保管费：指餐馆在经营过程中，为保存原料和成品所支付的冷藏费、挑选整理费等。

修理费：指餐馆对固定资产和低值易耗品等财产进行修理时所发生的修理费用。

低值易耗品摊销：指餐馆按规定摊销的低值易耗品费。

工作餐费：指餐馆自行规定支付给员工的工作餐费或制作员工工作餐的耗费。

租赁费：指餐馆进行经营而租赁房屋、设备等支付的租赁费。中小餐馆几乎不采用租赁设备的方法，所以此细目一般专指房租。

其他费用：燃料费；广告宣传费；水电费；洗涤费；物料消耗费；服装费。

管理费用包括餐馆管理人员工资、福利费、办公费、差旅费、会议费、电话费、邮费、用品费、交际应酬费及其他行政经费等。

③财务费用

财务费用指餐馆为筹集经营所需资金而发生的一般财务费用。包括利息支出、银行手续费、汇费及电报费等细目。

④税金及附加

税金及附加指餐馆按法律、法规规定应由经营业务负担的税金及附加，包括营业税、城市维护建设税和教育费附加3项。

营业税：以营业收入额为课税对象的税种。不论有无盈利都必须照章纳税。营业税是一种价内税，即餐馆在制定价格的时候已经考虑到营业税的因素，所以一般不会导致纳税人亏损。餐馆应按营业收入的一定比例计算交纳营业税。

城市维护建设税：根据应交纳的营业税税金总额，按税法规定的税率计算交纳的一种地方税。

教育费附加：根据应交纳的营业税税金总额，按规定比例计算交纳的一种地方附加费。

⑤营业外支出

营业外支出是指与餐馆的经营活动无直接联系、偶然发生的支出。如非常损失、赔偿、捐赠公益事业等。

成本、费用、税金3项支出对餐馆的经营管理影响重大。

对支出的核算，根据支付方式的不同有3种核算方法：

直接支付方式的核算：直接支付是指餐馆以货币资金直接支付当月发生并由当月负担的支出，如当日的原材料采购金额、水电费、消费品购置费、工资、交际应酬费、银行手续费、营业税等。

预付待摊方式的核算：预付待摊是指餐馆当月已经支出，但应由以后各月分别负担的，分摊期在一年以内的各项支出，当月只负担所分摊的支出。如预付房租、低值易耗品摊销等。

预提应付方式的核算：预提应付是指餐馆已经预提但尚未支出的，应由当月负担而在以后支付的费用。如后付房租、保险费、借款利息、修理费、预提税金等。

不论采用哪种支付方式，每月都只核算当月应负担的支出。

（4）学会计算毛利率

前面我们多次提到毛利率这个概念，虽然大家都大概明白这个概念，但是这个名词的确切概念和具体内容却并不那么简单。

餐馆的毛利是由餐馆的营业收入和营业成本决定的，而营业收入又是由食品的销售价格和销售量决定的，营业成本则是由食品的单位成本、损耗和销售量决定的。

为使食品售出后获得利润，要使销售价格高于成本和正常损耗。销售价格与成本两者之间的差额与两者自身形成一定的比例关系，即毛利率。

餐饮业销售的食品，包括自制和外购两个部分。由于两个部分的经营要求、销售形式和定价方式不同，毛利率的计算方法也有差别。

①自制食品毛利率的计算

餐饮业的自制食品（以下简称“制品”）即各餐馆加工烹制的食品、小吃、主食等，风味浓厚、品种繁多、规格不一、各具特色，加上餐馆的经营规模、烹饪技术、制作方法、设备条件、营业方式、管理水平等各不相同，很难规定统一的质量标准、投料标准和价格标准，因此各餐馆都是自行制定销售价格。而自行定价的基础就是要正确掌握单位成本和毛利率的计算方法。其方法步骤如下：

1）毛料成本和损耗

毛料是指直接购进未经加工处理的原材料。其成本即购进金额(即总值)，是购进单价和购进数量的乘积。毛料根据储存形式不同，可分为鲜品、冻品、活品和干品。

鲜品在加工过程中会有废弃物和下脚料，从而造成损耗，这种损耗就属于毛料损耗。鲜品的毛料损耗还有一种情况，是因脱水而减少质量，俗称缩水或抽分量。

冻品的损耗：除上述因加工处理而造成的毛料损耗外，还有因化冻后实际重量少于购进重量造成的损耗也属于毛料损耗。因整块冰块里外原材料的规格、质量不同而造成的估价不符则属于进价损耗。

活品是需要暂养的原材料，如禽类、鱼类等。活品因暂养而减少重量属于毛料损耗；因死亡而降价出售或废弃属于进价损耗。

干品损耗：需要涨发才能使用。干品的损耗是涨发后的规格、质量、重量达不到标准要求，前两项是进价损耗，后一项是毛料损耗。粮食类原材料也属于干品性质。

原材料损耗的控制需要加强管理和丰富采购知识，提高采购经验。

2）净料成本计算

毛料经过加工处理后成为净料，净料是直接用于制品烹调的投料。因为每种制品的每一单位所耗用的原材料的投料量都是从净料计算的，所以要计算净料成本。

净料成本是以单价计算的。根据经营方式的不同，有按单位重量价格和单位数量价格计算两种方式。常用的价格单位是元/kg和元/个。

净料成本计算有两种情况，一种是外购的经加工处理的半成品；另一种是购进毛料自己加工处理出的净料。

半成品净料成本计算：半成品净料规格规范、估量统一、价格稳定，可以直接使用，几乎没有损耗，如鸡翅、鸭掌、肉馅等，因此它的成本计算比较简单。

根据餐馆的经营方式，按重量购进并按重量投料或按数量购进并按数量投料的半成品，其购进单价即为半成品净料成本。而按重量购进但按数量投料的半成品，则需要进行半成品净料成本转换计算，其计算公式如下：

转换半成品净料成本=购进单价÷单位重量数量

或：

转换半成品净料成本=购进总价÷购进总数量

按数量购进并按数量投料和按重量购进但按数量投料的毛料，不受加工处理过程中损耗的影响，所以也依照半成品净料成本的计算方法，直接计算净料成本。

购进毛料自己加工处理出的净料成本计算：毛料加工处理成加工净料后，重量发生了变化，或损耗或增加（加工品涨发），所以应按加工净料重量（净重）计算加工净料成本。计算方式如下：

加工净料成本=（毛料总值－下脚料价值）÷加工净料重量

下脚料价值是毛料在加工处理过程中，还有一部分可以利用的下脚料，这部分价值应从毛料总值中扣除。

3）投料定额成本

投料定额成本是指制品生产前根据所使用的各种原材料（资料）的投料数量计算的一种单位成本，是制定销售价格、计算毛利率的依据。

餐饮业的制品一般都是现做现卖，大部分原材料都是当天购买，加上以农副产品为主的原材料价格变化速度快、幅度大，有时上下午的价格就相差很多，且质量、规格不规范，不易对每种制品按其实际耗用的原材料分别进行成本核算。为控制制品成本、稳定制品质量、保证营业利润、合理制定售价，餐馆必须实行原材料投料定额制度，严格规定各种制品的投料标准，即每种制品的每一个单位所规定的原材料耗用量，包括主料用量、配料用量、调料用量（调料可用价值指标表示）。用投料标准规定原材料耗用量称为投料定额。按投料定额和原材料净料成本计算出的制品单位成本即投料定额成本。

制品的销售价格是在投料定额成本的基础上，结合餐馆经营方式、顾客消费习惯和水平、厨师烹饪技术和经验、同业竞争状况等方面情况制定的。

4）制品毛利率及计算

根据餐饮业的核算方法，毛利率分为制品毛利率和综合毛利率。

单位毛利率是每一单位制品的销售价格和投料定额成本之间的差额(即毛利率)与销售价格的比率。其计算公式如下：

单位毛利率=（制品售价－投料定额成本）÷制品售价×100%

制定制品销售价格一般应先确定毛利率，但在实际经营中，同业竞争和顾客消费水平已成为影响制品定价的最重要因素，所以许多餐馆往往采用先确定销售价格的方法，再反过来计算毛利率，以分别衡量每种制品的利润水平。有关行政管理部门，如物价局、饮食行业管理部门等，也把餐馆的毛利率作为考查餐馆执行国家物价政策、监督餐馆经营行为的指标，所以必须掌握毛利率的计算方法。

由于餐馆在实际经营中，因原材料价格变动的影响，投料定额成本不是一成不变的，而销售价格则是相对稳定的，不可能一天改一个菜价；而销售价格有时也是不能完全实现的，比如打折；另外每种制品的单位毛利率也各不相同。因此，不能简单地按单位毛利率衡量每日的毛利状况，而必须计算每月毛利率的平均水平，这就是综合毛利率。其计算公式如下：

综合毛利率=（制品总销售额－原材料耗用总成本）÷制品总销售额×100%

显然，每月制品的总销售额乘以综合毛利率就是当月的毛利。

单位毛利率与综合毛利率的区别在于：使用单位毛利率计算的是每个制品能赚多少钱；综合毛利率则是计算每月的营业利润，即毛利。单位毛利率，特别是预先确定的单位毛利率，一般又称实现毛利率，它体现了餐馆经营者对毛利的期望值；综合毛利率又称实现毛利率，它反映了餐馆经营实际完成的毛利。

②外购商品毛利率的计算

外购商品是指酒水、饮料、烟、主副食品等不用加工即可直接加价出售的商品。它有规格规范、质量统一、价格稳定、销售简便等特点，所以它的毛利率相对固定。计算公式如下：

单位毛利率=（商品销售单价－商品购进单价）÷商品销售单价×100%

每月销售外购商品的毛利是以平均毛利率体现的。计算公式如下：

平均毛利率=（商品销售总额－商品进价成本）÷商品销售总额×100%

（5）计算纯利润

毛利润=营业收入－营业成本

餐馆的毛利润只是衡量餐馆营业状况的指标，而要全面衡量餐馆的经营管理状况，就要用餐馆纯利润作为指标。计算餐馆的纯利润首先要计算餐馆的全部收入和全部支出，计算公式如下：

纯利润=（营业收入+营业外收入）－（营业成本+费用+税金及附加+营业外支出）

纯利润体现了餐馆的盈亏状况。

（6）核算当月盈亏

纯利润实际上包括了盈利和亏损两种情况，按上述纯利润计算公式计算后，纯利润金额＞0就表示餐馆盈利，纯利润金额＜0则表明餐馆亏损。

当月盈亏的核算即是将当月各项收入和支出的发生额按上述公式计算。

餐馆每月的收入，不但要支付当月发生的成本、费用、税金等，还要按月分期回收投资，如固定资产折旧、筹建开办费摊销等。所以，餐馆开办初期的负担是很重的。

（7）核算全年盈亏

全年盈亏的核算是在每月盈亏核算的基础上累计进行的，具体的计算方法与每月一样。所不同的是有些支出没有按月摊销或计提，应在年终结算时结清，这主要是小型餐馆中出现的情况。

在按月核算时，可能出现有的月盈余，有的月亏损，年终结算时将全年12个月的盈亏汇总即可计算出本年度的盈亏。

餐馆应交纳税额的核算办法是应纳税金额乘以适用税率。餐馆纳税的主要税种是营业税、城市维护建设税、教育附加费和企业所得税。

各税种税额的计算公式如下：

①营业税：应交纳营业税额=当日营业收入额×适用税率。

②城市维护建设税：应交纳城市维护建设税额=当月营业税额×适用税率。

③教育附加费：应交纳教育费附加=当月营业税额×适用税率。

④企业所得税：应交纳企业所得税款=当月利润总额×适用税率。

前三项无论企业是否盈利，只要有营业收入，就要交纳；企业所得税只当餐馆有利润(即通常所说的纯利润)时才交纳，我国企业所得税的税率是33%。

关于营业税，需要注意的是兼营歌厅、舞厅、音乐茶座、卡拉OK等娱乐项目的餐馆，如在主管税务部门核税时确定兼营项目要按娱乐业税额纳税，一定要将兼营项目分开核算，将主营和兼营的营业收入分别纳税。这是因为餐饮业的营业税率为5%，而娱乐业的营业税率是5%~20%，如不分开核算的话，按有关规定将采用就高不就低的原则，所有营业收入都将按高的税率纳税，餐馆就会多交纳税款。

第八章

线下促销

餐馆日常促销的 5 个细节

1. 点菜员就是一线推销员

对于餐馆来说，点菜员的作用是非常重要的。因为如果点菜的服务不周到，客人很可能会对餐馆的整个服务不满，从而影响餐馆的声誉。因此，点菜员需要掌握营销的艺术，如此才能为餐馆的发展起到良好的宣传推广作用。

对于餐馆来说，点菜员是餐馆菜品的代言人。由于菜品本身不会说话，这就需要点菜员对菜品的原料、价格、风味进行介绍，尤其是介绍菜品的优势更需要由专业的点菜员来完成。点菜员还是顾客的餐饮顾问，很多时候，来餐馆内就餐的顾客询问的问题涉及面都很广，点菜员要做的是对顾客的询问有求必应、有问必答，同时还要懂得指引顾客适合吃什么，怎么搭配才能吃得最舒心。点菜员还是餐馆营业额的创造者，点菜员能够在一定程度上促进营业额的提升，点菜员不但可以通过给顾客推荐菜品吸引客户消费，还可以根据菜品的性质合理搭配推荐酒水，通过这两种途径增加餐厅的营业额，提高利润。

所以，餐馆必须重视点菜员在餐馆发展中的重要作用，而要点餐员发挥出色的作用，就要训练他们掌握一定的营销艺术。

首先，点菜员要有自我推销的能力。想让别人接受你的产品，首先要别人接受你。当顾客对你不是很了解时，会按照自己的审美观、价值观去观察你，然后产生好感或是讨厌等个人情感。所以，当点菜员出现在顾客面前时，要坚持微笑服务，态度真诚，做到客到微笑到、敬语到、茶到。除此之外，还要保持良好的仪表仪容，以示对顾客的尊重。如果顾客能在心理上对点菜员产生好感，对其推销的产品也容易接受。

其次，要利用每个时机去推销。很多服务员在顾客看菜单的过程中，总是一言不发，这种做法是极为不明智的。点菜员应抓住这个时机展开推销，积极与顾客沟通，主动向顾客提出各种建议，使顾客对菜单上的内容发生兴趣。除了在点餐的过程中要利用好推销的时机，还要抓住餐中和餐后的时机进行推销，从而促进餐馆营业额的提升。

再次，要获得顾客的信任。点菜员要站在顾客的立场去思考问题，也就是说，当点菜员想推荐一些菜的时候，要从顾客的角度出发去思考问题，这样他才能信任你，才能接受你建议的菜品。对于点菜员来说，最重要的是为顾客打造一张搭配合理、价格相宜、符合客人就餐要求的菜单。同时，还要从情感上关心顾客，尊重顾客的选择，与客人建立一种长期的信任合作关系。

最后，要正确使用推销语言。推销是否能够取得成功，与推销语言运用得是否合理有直接的关系，点菜员在跟顾客沟通的时候，要多用选择问句，比如问“女士，我们有啤酒、红酒、白酒，请问您要哪一种”，而不是“女士，你要不要喝酒”，这样顾客的反应是选择一种酒，而不是考虑要和不要。除此之外，还要尽可能多地列出菜品的优点，比如“这道菜不仅味道好，原料也十分新鲜，含有多种营养成分，还对虚火等症有辅助疗效”，如此就能以优点多而达到吸引顾客的目的。

这就是点菜员需要掌握的推销艺术，点菜员除了要掌握推销艺术之外，还要掌握推销应注意的事项：点菜员在推销时要有耐心。点菜员在点菜的时候会面对很多不同的顾客，不能因为顾客犹豫不决而面露不快，对顾客不明白的地方要详细解说。点菜员要懂得赞美顾客，每个人都喜欢听赞美的话，当顾客点餐的时候，要懂得赞美顾客的眼光，并具体告诉顾客点这道菜的好处。点菜员还要做到语气坚定，在介绍菜式时，常常会遇到顾客的怀疑，比如，有顾客问点菜员，某种食材平时都是红烧，清蒸好不好吃，点菜员应用比较肯定的语气告诉顾客可以放心，吃这么贵的食材，就应该原汁原味，这种食材用清蒸是最好的吃法，而且，还要告诉顾客餐馆在做这种食材上有名厨，如此，就能让顾客放心，并赢得顾客的信任。

2. 餐馆促销的5个窍门

要想让餐馆获得飞速发展，就要做好餐馆的促销。而要做好促销，就要掌握促销的手段与技巧，唯有如此，促销才能取得好效果。

餐馆要懂得环境气氛促销。在一定程度上来说，环境气氛是餐馆无声的销售员。因此，餐馆要努力为餐饮消费者创造一个优美舒适的消费环境。比如在餐桌上摆一瓶色泽鲜艳的插花或盆花，这样就能增加消费者的食欲；在餐馆中播放合适的音乐，以产生独特的气氛，使餐饮消费者的就餐心情变得格外舒畅；布置合适的灯光，使消费者乐于在视觉舒适的餐厅环境中就餐；餐馆的色彩搭配要合理，合理的色彩搭配给人以舒服的用餐感受；餐馆的布局要根据餐馆主题和市场定位，以及消费者心理进行设计，以获得顾客的青睐。

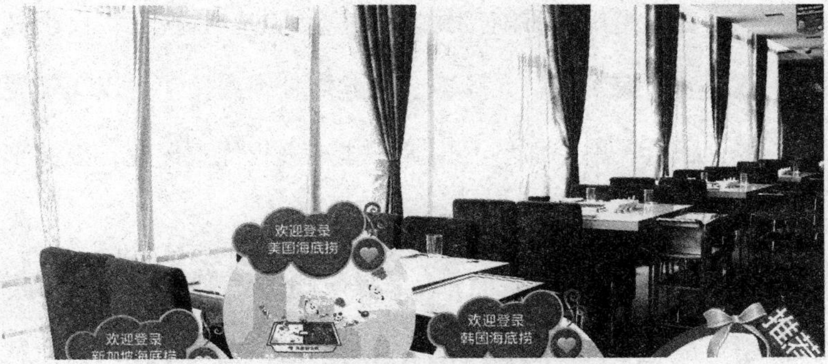

海底捞官网餐厅实景

餐馆要善于利用赠品进行促销。餐馆可以采用赠送礼品的方式来达到促销的目的，赠送礼品能让顾客产生幸运的感觉，并且能让他们对餐馆产生好感。具体方式可以选择在节日和客人生日之际向客人和老主顾赠送庆祝的礼品或纪念卡，或是有助于了解餐馆、提高餐馆知名度的宣传性赠品，也可以是根据顾客光临餐馆的次数、在餐馆中消费额多少的奖励性赠品。这种赠品促销的方式能获得顾客的好感，增强顾客的黏性，从而起到宣传推广的效果。

餐馆要善于利用优惠促销来吸引顾客。优惠促销是指餐馆为鼓励客人反复光顾和在营业的淡季时间进行消费而采取的一系列优惠手段。餐馆可以推出低价套餐，比如，为周末家庭消费和节假日的散客提供低价的家庭套餐。如果有人要和亲人过结婚纪念日或生日，餐馆可以请他们二人来，二人用餐，只付一人的钱。对于曾在这家餐馆举办过结婚庆典的夫妇来说，如果在结婚纪念日前接到餐馆的邀请并获得优惠，会很高兴，并成为这家餐馆的老顾客。除此之外，餐馆还可以运用发放赠券、积分奖励、免费品用等方式来进行优惠促销，以此来吸引顾客。

餐馆要善于利用打折促销来吸引顾客。打折促销又称折扣促销，是餐厅在特定的促销活动时间内，在餐厅原来的消费价格基础上进行的优惠让利销售方式，这种减价销售的促销方式是餐厅在开展促销活动过程中运用的最为频繁的一种促销手段，也是最能吸引消费者消费兴趣的促销方式之一。餐馆为了达到优惠促销的目的，可以采用折扣的方式，折扣是优惠促销的最常见形式，具体来说，餐馆可以实行半价优惠和买一送一等优惠促销活动，以吸引更多的客人，进而增加销售额。餐馆也可以利用折扣卡的方式来招揽顾客，餐馆为顾客颁发折扣卡，下一次来餐馆就餐可以获得10%折扣，第二次可以获得20%折扣。然后依次获得30%、40%折扣，一直下去，这位顾客可以获得一次全免费的就餐待遇，这种折扣卡的方式能够吸引顾客重复消费，并让顾客成为餐馆的忠诚顾客。打折促销会因其明显的价格优惠提高餐馆的市场竞争力，刺激消费者的消费欲望，鼓励消费者走进餐馆进行消费。

餐馆要善于利用菜品出售方式进行促销推广。菜品出售方式合理，对餐馆的营销推广也能起到良好的宣传推广作用。因为很多顾客都会吃不完自己点的菜同时也不愿意浪费，针对这个情况，餐馆可以推出半份零卖菜活动，鼓励顾客购买。此外，餐馆还可以根据餐馆自身成本预算，在逢节日可以举行“免费品尝特色菜”活动，让顾客免费，这样一方面能增加特色菜的宣传，同时也能推广餐馆品牌。餐馆利用菜品出售方式进行宣传推广的方式还有很多，比如，推出高档原料拼着卖、推出新奇原料等。

以上就是餐馆主要的促销手段与技巧，在餐馆经营的过程中，唯有掌握一定促销的手段与技巧，才能让餐馆在宣传推广的过程中取得良好的效果，同时，也能为餐馆吸引越来越多的新顾客，并可以让越来越多的新顾客变成老顾客。餐馆有了顾客，就相当于有了生意。如此，开一家赚钱的餐馆将成为一件简单的事情。

3. 打好节假日营销这张牌

节假日的餐饮营销在餐饮企业界已普遍开花，节假日营销也已经成为事件营销的分支之一。目前对假日的理解存在狭义和广义之分。狭义的假日仅仅定位于我国节日长假，与这种理解相对应的节假日时段主要指十一国庆节和春节；广义的节假日除此之外，还包括如中国的传统佳节中秋节、端午节、清明节、五一劳动节还有西方的情人节等在内的一切中、外节日。这些节假日的存在，为餐馆开展营销活动提供了便利。

餐馆之所以特别重视节假日促销，是因为餐馆节假日营销有它内在的合理性。一方面节假日的集中消费使消费购买量异乎寻常地增加，在规模争夺中的收获有可能抵消单位价格变动中的损失，这对于餐馆的发展是有很大好处的。同时，节假日营销产生的对于热闹的要求，会更加促使较高端消费者转去大众消费场所进行娱乐活动，并且节假日的这种折扣吻合公众心理预期，能够为餐馆带来可观的利润。

虽说餐馆在节假日展开促销，能够起到良好的效果，但并不是所有的餐馆都能够利用节假日促销取得良好的效果，很大一部分原因是许多促销活动缺乏创意，活动方案设计雷同。所以虽然费用投入的比例很大，但是很难取得良好的效果，很多餐馆甚至陷入了“不促销等死，促销找死”的尴尬局面。要改变这一局面，就要做到根据自身的情况，实施不同的营销方式。针对当前假日经营特征以及不断变化的餐饮市场，不同餐馆要根据自身的优势和特色，并结合自己的实际情况，充分发挥自身优势，制定和实施有特色的假日营销策略，这样才能在节假日激烈的营销战争中不断扩大市场份额。

那么，针对不同的节日，餐馆可以开展哪些具体营销活动呢？比如，在春节餐馆可以利用这个节日，推出中国传统的饺子宴、团圆守岁宴等。同时，还可以举办守岁、撞钟、喝春酒等活动；比如，在元宵节，餐馆可以组织客人看花灯、猜灯谜、舞狮子、扭秧歌等参加民族传统庆祝活动，以展开营销活动；比如，在中秋节可以组织顾客参加赏月、吹箫、民乐演奏等活动，以推销自己餐馆的食品；再比如，在圣诞节推出圣诞自助餐、套餐，同时还可以依靠唱圣诞歌、组织举办化装舞会、抽奖等庆祝活动来增加圣诞餐的销售；等等。餐馆利用节假日展开促销活动还有很多方面，只要充分利用好每一个节假日，就能起到良好的营销推广作用。

面对众多节日，餐馆要怎么选择？首先，春节、劳动节、端午节、中秋节等传统节日和有公共假期的节日是势必要选的。其次，与时代相符的节日要选择，如情人节、母亲节、圣诞节。最后，教师节、儿童节等有影响力的要选。不管是利用哪个节假日展开营销，餐馆要想在营销过程中取得良好的效果，关键是要做到为顾客营造节日气氛，突出不同节日的风格，也就是说节假日应从店堂的陈设布置到服务员的迎宾祝福语、赠送节日礼品，再到为顾客提供多种便利服务，都要做到出色，以求给顾客带来良好的消费体验。餐馆经营者可以有意识地设计各种刺激物或刺激方法来影响人的情绪，激起客人的购买欲望，吸引并留住客人就餐，并且刺激客人追加点菜、酒水等消费。这就是餐馆通过节假日营销要达到的效果。

对于任何一种形式的餐饮店来讲，每一个节假日都意味着一个消费高潮的到来。所以餐饮店可将节庆假日作为主题卖点，利用节假日进行促销。节假日为餐馆提供了巨大的商机，如何做好做大餐馆节假日市场这块大蛋糕，是餐馆面临的重大课题。餐馆节假日营销要研究节假日消费者的心理特征、需求特点和消费方式，挖掘节假日产品，最大限度满足消费者节假日消费需求，充分把握好节假日为餐馆提供的巨大商机。

4. 特价菜是最实用的促销手段

所谓特价菜，指的是菜品物有所值而收费低廉，目的是刺激顾客消费。通常推出的特价菜以保本为底线，有的是一成不变的固定特价菜，有的是一段时期推出一批特价菜，有的是每周每天一个特价菜。事实证明，适时推出特价菜，让利给顾客，以特价菜带动其他菜式的销售，既满足了食客求实惠的普遍心理，又能提高营业额，是颇见成效的促销手段。

虽说特价菜营销对于餐馆的发展能够起到良好的作用，但并不是说只要从事特价菜营销，就能取得良好的效果，要想靠此取得良好的效果，就要掌握一定的技巧，并把握一定的注意问题。

首先，要诚信，不能把特价菜当作幌子。

当下，很多餐馆打着特价菜的幌子，处理店内久存将要变质的原料。现在很多餐馆做特价菜常常是一天一变，就是因为有些原材料放得太久要变质了，需要处理。比如，海鲜池里的鱼、虾由于饲养不当，经常会死，可是又不能退给供应商，为了让顾客吃不出腐败的味道，就采用油炸的方式来处理，并且以“特价菜”的形式推出。这种打着特价菜的幌子，处理菜品的方式是错误的，它不符合诚信的经营原则。长久下去，早晚会让顾客得知，而最终导致顾客的流失。同时，要保证特价菜实至名归。很多特价菜比不特价时还贵，或是菜分量不足，结果，菜不够吃，还得添加。结果吃了特价菜，不但没有省钱，反而比以前的花费更多。

那么，餐馆究竟该如何做特价菜营销呢？餐馆要在诚信的基础上选择菜品，诚信是经营餐馆应该把握的原则，唯有把握这个原则才能得到顾客的喜欢。同时，在特价菜菜品的选择上，要选择顾客普遍喜欢的菜品，甚至是招牌菜来做自己的特价菜。

其次，特价菜营销要能够起到轰动效应。

特价菜营销要起到良好的效果，关键是一推出就要能够起到轰动效应，让顾客产生深刻的印象。比如，杭州“名人名家”推出9.9元鱼虾主菜特价，其中采购时价在60元以上的一条多宝鱼，在旗下5家餐厅均以9.9元的超低价出售。为期一个月的“名人名家”特价菜活动，在杭城餐饮界引起不小震动。这种特价菜营销的方式才是能够取得良好效果的，不至于特价菜一被推出就很快被淹没。

再次，要懂得为特价菜造势。

虽然特价菜营销能够取得良好的效果，但是很多餐馆在打造特价菜的时候，仅仅是把特价菜简单地公示出来。但是，这种特价菜营销方式难以取得良好的效果，餐馆要想真正利用特价菜来达到营销的效果，就要善于造势，造势的方式是利用宣传海报，结合“原价格”“新价格”“特价幅度”“起止日期”等信息，以及精美的图片，制作成宣传海报，以达到特价菜营销的效果。

最后，餐馆生意越好越该推出特价菜。

生意冷清的餐馆，即使是想用特价菜招揽顾客，也很难有人进门，而如果餐馆在红火的时候搞特价促销，更能够达到促销的效果，更容易达到促销的目的，因为特价菜促销是带来客流量的重要手段。

以上就是餐馆利用特价菜进行营销时应该注意的问题和把握的技巧。要想在特价菜营销上取得良好的效果，就得要让顾客享受真正的特价，不仅菜价实惠，菜品质量更要货真价实。同时，特价菜营销不能跟风，要根据自身的情况来做，而不是盲目加入。除此之外，特价菜营销要讲究周期性，不能一成不变地只做一种菜，而是要不断推出新菜品，以刺激顾客消费的欲望。

5. 外卖业务 6 原则

对于现代人来说，足不出户点个外卖已经是再平常不过的事，而对于互联网时代的店铺来说，外卖业已成为一种赚钱利器。因为外卖一般不必付太多铺租等成本，即使小小的店铺也能实现较多的利润。外卖服务源自于西餐，由于西餐生产环节简单且标准化，实现大规模外送服务，无论是品质还是效率都有着比较强的优势，因此，其外送业务快速兴起。在国外的餐饮业中，麦当劳、肯德基、必胜客在外卖服务上是做得非常出色的，而在国内，随着百度外卖、美团外卖等大批第三方平台的出现，拓展外卖业务也被纳入了众多餐馆的经营规划之中。不过，虽然外卖能够为餐馆带来丰厚的利润，但并不是说餐馆做外卖就一定能够成功，餐馆在做外卖业务的时候需要注意以下几点：

（1）菜品搭配必须合理。餐馆外卖并非所有的菜都得现做，关键是菜单中的单品搭配要合理。一般送外卖都得采用一些标准的模式，比如说有几种套餐，每种套餐中都要保证两素一荤，这3种菜中必然有一种是可以提前做好的，或者是非常容易做的，比如炖菜、凉菜或汤，另外两种都得达到半成品状态。餐馆必须提前预备好所有的配料，这样就能做到接到订单后2~3分钟内出锅。

（2）针对不同客户群采取不同方式。不同客户群对于外卖的需求方式是不一样的，对于那些喜欢花样，爱尝新鲜的年轻人要采取优惠政策，同时还可以给他们赠送好玩、有趣的礼品。而对经济条件相对好的中年人来说，要通过为其提供优质的服务来征服他们。

（3）选择好送达的方式。外卖最重要的是配送，很多时候，点单的顾客可能分布在东南西北，此时送达的方式是非常重要的。配送可以选择与第三方公司进行合作，也可以选择自己招聘员工进行配送。最重要是在配送速度和食品保鲜程度上做到完美，这就需要保证配送速度。

（4）做好人力资源安排。要满足顾客的外送需要，就要有足够的人手来从事外卖服务，最合理的人力资源安排方式是少量全职加上部分兼职员工。

（5）做好外卖线下门店推广。外卖最重要的一环是做好线下门店推广，而要做好线下门店推广，餐馆就需要投入大量的人员进行经营，并做好自身的产品。

（6）要不断拓展自己的外卖模式。外卖要逐步进入中高端市场，进入中高端市场才能最大限度带来利润。同时还要逐步创建会员体系，以此来维护忠实的顾客。

第九章

线上营销

互联网时代引爆餐馆的营销利器

1. 做好自媒体营销推广

自媒体又称“公民媒体”或“个人媒体”，是指私人化、平民化、普泛化、自主化的传播者，以现代化、电子化的手段，向不特定的大多数或者特定的单个人传递规范性及非规范性信息的新媒体的总称。自媒体往往站在用户的角度进行点对点的传播，这种方式越来越多地赢得用户的信赖，增加了用户的主动性，另外，随着人们的网络使用时间越来越碎片化，对媒体方便、快捷的要求也越来越高，自媒体恰好适应了这一点，增强了用户的自主选择权，扩大了自主性。

媒体平台包括博客、微博、微信、论坛等网络社区。随着互联网的发展，自媒体已经成为营销推广的平台，餐馆也需要充分利用自媒体进行营销推广。

餐馆之所以要充分利用博客这个自媒体来展开营销，是因为博客目标更为精确。从特性上说，博客广告具有交互性；博客与企业网站相比，博客文章的内容题材和发布方式更为灵活；与门户网站发布广告和新闻相比，博客传播具有更大的自主性。这些特性都有利于餐馆进行宣传推广。餐馆利用博客进行营销的具体方式是创建一个餐馆博客。建立餐馆博客的目的是留住客户，而不是拉拢陌生人前来用餐。餐馆可以利用博客平台谈论当下社会的热点问题，要避免推销餐馆本身。餐馆还要经常更新博客文章，提升餐厅在搜索引擎上的排名。

互联网的飞速发展，带来的是微博的横空出世，现在，微博已逐渐成为企业营销的优势平台。餐馆也要充分利用这一平台展开营销推广，具体做法是用它来发布预告信息：餐馆可以通过微博进行餐位是否满员、本日打折菜品、售完菜品、门前的交通状况、新推菜品、促销活动等的预告；可以利用微博接受用户的餐位预订、包房预订、送餐服务预订；还可以利用微博进行各种宣传活动，如品牌宣传、特色服务宣传、菜品宣传等。以上几个方面的营销工作必定会促进餐馆的迅速发展。

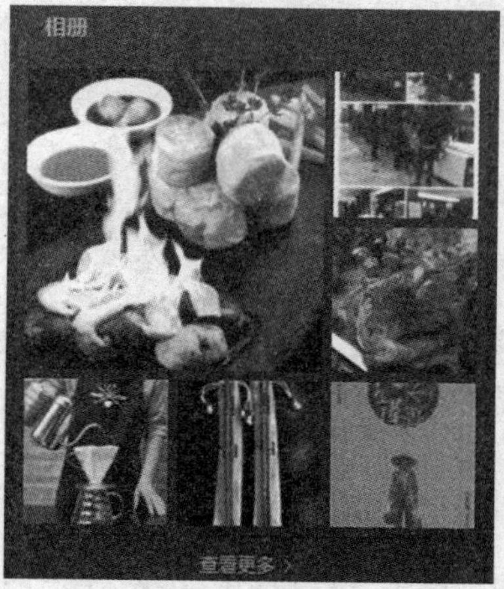

雕爷牛腩微博相册

随着移动APP的迅速崛起，微信作为其中的佼佼者越来越受到企业的青睐，餐馆也要充分利用这个自媒体平台来进行营销推广。餐馆可以先注册公众账号，在粉丝达到500之后申请认证进行营销，因为这样更有利于餐馆品牌的建设，也方便商家推送信息和解答消费者的疑问，更重要的是，可以借此免费搭建一个订餐平台。同时，餐馆要充分利用微信查找附近的人、漂流瓶、扫一扫、摇一摇、朋友圈等功能展开营销。餐馆可以采取主打官方大号，小号助推加粉的方式，大号用来进行推广，小号则可以通过主动寻找附近的消费者来推送大号的引粉信息，以此将粉丝导入到大号中统一管理。微信营销除了要做好线上推广外，还要做好线下，具体的做法是店面能够使用到的宣传推广材料都要附上二维码，当然也可以独立制作海报、DM传单等材料进行宣传。

论坛营销是通过在论坛平台对企业和产品信息进行营销策划和推广，提升口碑和美誉度，达到推广目的。餐馆论坛营销应注意一定要选择人气旺的社区，要看网站注册人数、网站的总发帖量、网站的在线人数、网站的当日人数。一个人的精力是有限的，而且很多论坛都有级别的限制才能设置签名、发广告帖等，如果每个论坛都注册，账号级别都不高，发布有效内容的可能性也就降低了，所以餐馆要精选3～5个论坛进行重点推广，那样就有足够精力去培养自己的级别，效果才会更好。餐馆利用论坛进行营销推广的时候，不能只顾着自己发帖，要多关心他人的问题，这样才能在会员中获得好评。有的论坛版块有互帮互助的板块区域，可以去那里多帮助别人，自己有疑问了，也可以提问，对于回答自己问题的朋友，要给予一定的积分奖励，如此，餐馆营销广告才不至于让人生厌，才能起到营销推广的目的。

以上就是餐馆利用自媒体进行营销推广的几个重要方面。在人人都是自媒体的时代，餐馆只有充分利用自媒体进行营销推广，才能适应时代的发展，才能为餐馆的发展起到巨大的推动作用。

2. 借助第三方平台发力

并不是所有的餐馆都能利用自身的平台进行营销推广，因为并不是所有的餐馆都具备这方面的实力。在这种状况下，餐馆就要善于寻找并利用现有的平台，也就是第三方平台展开营销推广。在众多的第三方餐饮服务网站中，百度外卖、大众点评网、百度糯米等都是餐馆进行营销推广的重要平台。

百度外卖于2014年5月20日正式面世，它是由百度打造推出的一款生活服务平台，可以提供在线订餐、超市购等外送服务。凭借自身强大的定位与搜索优势，用户不必输入自己的具体位置，就能搜索到自己当下所处周边的美食、水果、蛋糕等外卖信息，通过网上下单完成支付便可随时随地享受美食。因为注重用户体验，百度外卖一经推出就极为火爆。截至2016年8月，平台注册用户量已超5000万，日订单量达到200多万。实际上，对于餐饮企业来说，像百度外卖这样的平台带来的不仅是利润，也是更大的营销机会。餐馆可以抓住这个平台，上传自己的店铺、菜品照片，并配以简洁的产品介绍。每一天，有多少用户打开APP浏览搜索美食，你的餐馆就有多大的概率被他们看到。用户用餐之后会提交评价，而其他用户看到评价就会对你的餐馆好坏形成一个大致的印象，进而决定他是否会否选择你的餐馆订餐甚至是去实体店就餐，用餐之后再次提交评价，如此循环往复，无须花费太多力气，你的餐馆就完成了一连串变相的口碑营销。

大众点评网于2003年4月成立于上海，是中国领先的本地生活信息及交易平台，也是全球最早建立的独立第三方消费点评网站。大众点评不仅为网友提供商户信息、消费点评及消费优惠等信息服务，同时亦提供团购、电子会员卡及餐厅预订等

百度外卖APP首页

O2O交易服务。大众点评已经成为消费者寻找美食的一个最佳去处，经纬创投合伙人张颖在北京去了家大众点评评论不错的日本拉面馆填肚子；SOHO中国董事长潘石屹也利用大众点评找餐馆……从中我们不难发现大众点评在消费者心中的地位，这也是餐馆利用大众点评进行营销推广的重要原因。2015年，大众点评与美团合并，但仍保持这业务的独立性。大众点评每月活跃着几千万用户，用户数量优势毋庸置疑，餐馆如果能够充分利用这一平台，定然能够收到良好的效果，餐馆可以利用这一平台来进行优惠券发布等活动，推出打折卡、优惠券等。同时要多发帖、多回复，介绍自己的餐馆。经过长时间的积累，定然能够起到良好的营销效果。

大众点评网pc端美食频道

2010年6月23日，人人公司推出了自己的团购网站——糯米网。从成立之日起，糯米网就将自己定位为用户的“本地精品生活指南”，商家的“精准营销平台”。2014年3月6日，糯米并入百度后正式更名为百度糯米，新成立的百度糯米不仅升级了对消费者的服务，也加大了为入驻商家提供营销推广的力度。从5·17吃货节到智慧餐厅，百度糯米充分运用自己的大数据能力为商家提供营销推广的机会。作为餐馆经营者，你也可以加入类似百度糯米的这种团购网站来为自己作营销，当然，前提是保证自己的餐馆和提供的菜品符合网站的要求。

除了上述3个例子，我们能够借助的第三方平台还有很多。希望餐馆经营者能够重视并充分利用这些平台，来积极宣传推广自己的餐馆。

3. 用社交平台积累人气

哪里有人气，哪里就有财气。对于餐馆来说，客流就是钱流。近年来，社交媒体主导了互联网。随着Facebook、Twttier等社交网络的盛行，国内互联网也紧随其后，人人网、微博、微信等社交媒体不断涌现。这类社交媒体的诞生，不仅改变了人们的上网行为，同时影响着众多餐饮企业的营销模式，越来越多的餐饮经营者把营销的平台转向社交媒体。社交平台起到的是积累人气的作用，所以餐馆要充分利用社交平台来积累人气。

SNS社交类网站有很多种，包括人人网、Chinaren校友录、朋友网等校园类SNS网站；天际网、若邻网、人和网等商务类SNS网站；开心网、赛我网、城市达人等娱乐类SNS网站；豆瓣网、友宝网等读书、学习类SNS网站。如此众多的SNS社交类网站，为餐馆进行营销推广提供了便利。由于这些社交类网站拥有充足的人气，餐馆如果能够充分利用这些社交类网站，以广告插入、活动推广的方式等来进行营销推广，定然能为餐馆带来丰富的人气。餐馆利用SNS社交类网站推广需要有一定的恒心，从账号的完善到后期的定期更新和内容完善，都需要一个过程，都需要慢慢积累，这样才能让餐馆得到最大限度的曝光，起到良好的营销推广效果。

微博作为一个出色的社交平台，能够为餐馆积累丰富的人气。餐馆要想通过微博积累人气，关键是要做到先关注别人，只有先关注别人，才能让他成为你的粉丝。餐馆要多关注和餐饮行业相关的一些名人，要寻找粉丝多的人进行关注，比如意见领袖的粉丝多，关注这些意见领袖并得到“回粉”之后就能让大量的粉丝留意自己餐馆。餐馆要想利用微博积累人气，还应该在微博上宣传自己，让用户知道自己的特色，同时要帮用户解决问题或交流一些问题，这样才更能让用户留意到自己。还要通过转发微博的方式来积累人气，如果餐馆在前期缺少人气，就需要关注那些流量比较大的微博，然后转发他们的微博，因为他们的粉丝很多，这样就能不断积累丰富的人气。除此之外，餐馆利用微博进行营销的时候，还应该把握主动的原则。所谓主动，指的是配合企业的各种活动的积极行动，大量微博的发布，旨在配合轰轰烈烈的餐馆活动并力求形成互动，需要找到客户并打造存在感，以此来积累丰富的人气。

社交游戏是一种运行在SNS社区内，通过趣味性游戏方式增强人与人之间社交游戏交流的互动网络软件。随着互联网的普及，社交游戏也慢慢走进了人们的网络生活，社交网络中的社交游戏更重视人与人之间的互动。经典的棋牌游戏在互联网上被快速普及，在互联网发展初期已经形成了相当大的市场规模。社交游戏的成长加速了社交网络的规模化，虚拟礼品、虚拟宠物、恶搞、投票等在社交网络上得到快速的普及。社交游戏种类繁多，简单易玩、易上手，已经成为大多数网民不可缺少的一种休闲方式。由于社交类游戏受到越来越多人的喜欢，所以聚集了充足的人气。餐馆要善于利用社交类游戏来进行营销推广，以获得充足的人气。比如可以在游戏中嵌入广告。这种嵌入式广告更容易引起用户的关注，比普通网页广告的效果和影响力要强大很多。这样就能把社交游戏的人气过渡到自己身上。

以上就是餐馆利用社交平台积累人气的重要手段，餐馆营销推广要充分重视社交平台的重要作用，充分依靠各类社交类平台来积累丰富的人气，为餐馆赢得丰富的客流量。

4. 用大数据分析寻求突破

随着互联网时代的不断发展，餐馆在市场竞争中面临着巨大的挑战，电子商务的快速增长也正在颠覆传统餐馆的格局。不管是对网上餐馆来说，还是对传统餐馆来说，基于客户大数据的采集、分析和应用，都将成为改变餐馆竞争格局的关键。所谓大数据，是指企业产生的大量无规律可循的数据和交易型数据。所谓的餐馆大数据价值，是指与餐馆有关的市场、客户和合作伙伴的偏好、消费及行为习惯的海量数据积累、分析和挖掘，在技术应用的支持下，其商业价值正快速释放，成为餐饮行业创新的动力。对于餐馆来说，大数据是最重要的资产。

利用大数据来寻求餐饮业发展的突破是非常重要的，大数据能够生成餐厅、顾客账户信息；实时在线上传餐饮消费数据；记录顾客对餐厅、菜品、服务的评价。对于餐馆来说，大数据可以提升决策正确度。餐馆在制定相关策略的时候，最害怕的是没有相应的依据，而大数据则为餐馆制定正确的决策提供了依据。大数据可以帮助餐馆发现消费规律在什么方面，特别是怎样针对重点客户展开推销。同时还可以挖掘促销活动对各种顾客的敏感性，从而可以做到针对不同顾客开展不同的营销策略。正因如此，很多餐馆都会创建属于自己的一套数据分析系统，以挖掘顾客消费的特征，从而提升决策制定的准确度。

这就是大数据对于餐馆发展所起到的重要作用。餐馆每天都有大量的顾客数据可供采集分析。顾客订餐，餐馆可以从订餐信息中收集到该订餐顾客的大致个人信息，并从所订的菜品中了解该顾客的口味及喜好。此外，餐馆还可以了解哪些菜被吃完了，哪些菜是被剩下的，哪些菜是几乎没被顾客吃过的，这些信息对餐馆来说都是非常有价值的。通过对这些数据进行汇总分析，就能为餐馆改进决策提供有力的依据。利用数据分析，餐馆还可以知道哪些菜是顾客喜欢的，哪些菜需要被去掉，哪些服务需要改进，这样就能减少浪费，降低成本，提高经营利润。

除此之外，餐馆利用大数据还可以帮助餐馆进行精细化运营。最明显的一点是可以得知餐馆的座位需求。一家餐馆里是两人位需求多，四人位需求多，还是六人位需求多？餐馆在刚开始根本无从得知，往往需要经营过一段时间才能知晓答案。在这段时间内，餐馆需要做的是不断积累数据，从这些数据中可以得知哪种方式最适合餐馆的发展，从而方便餐馆根据数据定期调整，以提高餐馆的空间利用率。

实际上，餐馆在开店的过程中一直都需要大数据的帮助。新开门店选址、了解菜品的受欢迎程度、了解门店的不足、对店长的考核等，这些大数据都对餐馆的发展具有重要意义。餐馆在经营的过程中，需要统计每天的满意度，根据满意度数据变化来了解运营情况。并且要懂得去收集关键词，比方说如果牛排太老或太干这些关键词经常出现，餐馆经营者就应要求下属去做调查，发现原因并改进，这会对餐馆的发展是有很大促进作用的。

海量用户和良好的数据资产是餐馆的核心竞争力，因此，餐馆必须构建自己的大数据平台，对消费者信息、行为、关系进行大数据分析，并且要不断积累这些数据，这样餐馆才可以根据消费者的基本信息、消费频次、点菜的口味、消费水平等来决定自己的经营决策。而且，餐馆在发展的过程中不需要到外部找数据，因为这样做难度太大，餐馆需要做的是在自己内部找数据，这样的数据更贴近自身，更容易发现餐馆内部存在的问题。

5. 将第三方支付融入餐饮

伴随着电子商务的发展和网络购物的盛行，第三方支付这种非金融机构支付服务也开始兴盛起来，支付宝、财付通等支付公司都先后推出了手机客户端产品，在手机上实现了基本的支付功能。第三方支付从刚开始的网络购物支付逐渐成为生活支付，融入我们的日常生活。后期该类产品应与更多终端厂商、手机应用厂商合作，提供底层支付通道，以便逐渐取代运营商的SP计费模式。这些第三方支付方式的出现，为电子商务进行支付提供了便利，餐馆在进行网络营销的过程中，也要充分利用第三方支付，把网络金融融入餐饮中去。目前主要存在的第三方支付软件主要包括支付宝、财付通、微信支付等。这些支付软件可以让餐馆完成在线支付，这对顾客来说无疑是非常便捷的，这种便捷性能够加深顾客对餐馆的好感，从而能让餐馆的影响得到提升。

支付宝是全球领先的第三方支付平台，致力于为用户提供“简单、安全、快速”的支付解决方案。自2014年第二季度开始成为当前全球最大的移动支付厂商。支付宝主要提供支付及理财服务。包括网购担保交易、网络支付、转账、信用卡还款、手机充值、水电煤缴费、个人理财等领域。餐馆要充分利用支付宝便捷的特点，来让顾客感受到支付的便利性，从而产生愉悦的消费体验。

而支付宝与第三方美食网的合作，更让餐馆能够加强营销推广。比如，口碑网与支付宝携手推出的线上销售饭菜服务。网友不仅可以在网上看到每家餐馆可配送菜品的图片、价格，商家的配送范围、时间，以及商家的各家点评情况，还可以在线设定希望商家送达的时间。最让人心动的是，在线点外卖居然和到店消费一样，还能享受商家约定的折扣。同时，这种点餐买餐的过程非常便捷，消费者只要打开APP就能看到一众美食，然后选择购买，并且不用现金交易，直接用支付宝就能完成支付。这种支付方式无疑为餐馆营销提供了极大的便利性，让顾客对餐馆产生好印象，所以值得餐馆充分利用。

餐馆也可利用财付通来进行营销推广。财付通是腾讯公司于2005年9月正式推出的专业在线支付平台，其核心业务是帮助在互联网上进行交易的双方完成支付和收款。致力于为互联网用户和企业提供安全、便捷、专业的在线支付服务。财付通支持全国各大银行的网银支付，用户也可以先充值到财付通，享受更加便捷的财付通余额支付体验。由于财付通也具有支付上的便利性，所以餐馆可以选择上线财付通业务，在网上完成点餐、订餐业务的同时，也要利用财付通完成线上支付。这种支付方式的便利性，会给顾客带来良好的消费体验，从而宣传和推广餐馆的品牌。微信出现以后，财付通与微信联合推出的移动支付创新产品，旨在为广大微信用户及商户提供更优质的支付服务，微信的支付和安全系统由腾讯财付通提供支持。用户可以通过在微信公众账号获取产品信息直接购买，并方便地完成整个支付过程。餐馆微信支付的整个流程是非常流畅便捷的，全部操作在微信里完成。这种便利性对餐馆的网络宣传推广具有很大的推动作用。

餐馆还可以利用盛付通来促进网络营销。盛付通是国内领先的独立第三方支付平台，由盛大集团创办，致力于为互联网用户和商户提供“安全、便捷、稳定”的支付服务。盛付通网站用户可免费使用“账户管理、充值、提现、收付款、信用卡还款”等支付产品，充分享受“10分钟到卡，10秒钟到账”的快捷服务，消费者可以使用银行网银、手机固话，银联手机等支付方式付款。餐馆可以把这种支付方式融入到餐馆的网络营销中来，以此来提升消费者消费的便利性，从而让餐馆在消费者心中留下美好的印象。

这些支付方式给消费者带来了便捷的消费体验，同时也能让整个消费过程变得快速，从而提升餐馆经营的效率，所以对餐馆的发展具有很大的推动作用。

6. 把握好病毒式营销的“度”

在当今市场经济条件下，企业市场营销发生着深刻的变革，企业之间的营销大战也愈演愈烈。进入移动互联网时代，传统营销理论越来越难以适应复杂多变的市场营销环境，为了能在营销中取得良好效果，企业使尽浑身解数寻找新的营销方式，病毒式营销便由此脱颖而出。

病毒式营销是一种常用的网络营销方法，常用于进行网站推广、品牌推广等。病毒式营销利用的是用户口碑传播的原理，因为在互联网上，这种口碑传播更为方便，可以像病毒一样迅速蔓延，病毒式营销便由此而得名。作为一种高效的信息传播方式，这种传播是用户自发进行的，是几乎不需要费用的网络营销手段。正因如此，这种营销方式才成为越来越多餐馆的选择。尽管病毒式营销能够促进餐馆品牌的推广，但也同样会给餐馆带来信用危机。所以，餐馆必须正确掌握病毒式营销这把双刃剑。

下面，我们来看一下第一家病毒式营销餐馆Kogi是如何借助这种方式来进行营销推广的。

Kogi借助Twitter等网络的力量和病毒式口碑营销，仅仅用了短短3个月就迅速征服无数洛杉矶人的胃，成为美国知名度最高的流动饭馆之一，甚至连BBC、《纽约时报》和《新闻周刊》都将它作为报道对象。Kogi的成长速度可谓是一个奇迹。而它最主要的成功原因是借助了网络的力量进行病毒式营销。Kogi会在Twitter上实时通报Kogi方位，当警察将Kogi从街角轰走时，罗伊就会用Twitter向用户报告下一站的位置。当卡车迟到时，Kogi还会在Twitter上发出“再等我们10分钟好吗？永远的煎玉米卷”的信息，以此来吸引消费者。除了充分利用Twitter外，Kogi还会充分利用YouTube和博客。Kogi会把粉丝的照片和YouTube上的视频登载在自己的官方博客上，以在更大程度上获得宣传效应。依靠网络传播，Kogi被越来越多的人知道，最终出现了排队争相购买的景象。

Kogi的成功告诉餐馆经营者，餐馆要进行病毒式营销，就要善于利用网络的力量，包括社交网站、微博、微信等，要在这上面为顾客提供有价值的产品或服务，同时要把自己的营销信息简单化，使信息容易传输，越简短越好。除此之外，餐馆病毒式营销要想取得良好的效果，就要巧妙地利用公众积极性，只有建立在公众积极性和行为基础之上的营销战略才会取得成功，而要想调动公众传播的积极性，就要让他们看到利益，感受到优惠。

如果餐馆能找到吸引人的、善意的、真实的、能给受众带来乐趣和利益的“病毒”，让受众主动接受感染，并在感染后乐意去传播，就能提高餐馆的知名度和美誉度。然而，正如我们前面所说的，病毒式营销还存在一定的弊端。泛滥的宣传会给餐馆带来信任危机，让顾客对餐馆产生厌烦心理，甚至会让餐馆一夜之间身败名裂。

所以，餐馆在进行病毒式营销时，必须尊重人性的规律，否则不但无法形成爆炸似的裂变性传播，甚至极可能在传播源头就被用户彻底的否决。在这里，我要再次提醒大家注意：病毒式营销是一把双刃剑，在做病毒式营销时一定要掌握好度，在出现信任危机的时候，要懂得拿出虔诚的态度来化解危机。

第十章

连锁经营

如何成功地开一家连锁餐馆

1. 明确目标，选对类型

连锁经营是一种商业组织形式和经营制度，指经营同类商品或服务的若干个企业，以一定的形式组成一个联合体，通过企业形象的标准化、经营活动的专业化、管理活动的规范化以及管理手段的现代化，使复杂的商业活动在职能分工的基础上实现相对的简单化，把独立的经营活动组合成整体的规模经营，从而实现规模效益。

简单说，就是将你的餐馆当成一个企业，在不同地区开分店，通过企业内部整体的运筹策划，使管理经营实现规模化，像网络般一通百通，让各分店都优良运作。

事实上，一直以来，传统的餐饮业经营方式对其获得规模效益都存在一定程度的束缚。餐饮业存在着一种小企业的分散经营模式。小企业虽然广泛地渗入各个有消费能力的区域，能以灵活应变的手段适应消费者需求，但是，传统的小企业经营能力有限，服务水平参差不齐，各家单一作战，相互竞争，因而难以适应社会化大生产的发展和现代消费需求的变化。

为此，走连锁经营的道路是有利可图的，可以达到集中采购与分散销售相结合、专业化经营与分散化设点相结合，可解决规模经营与消费的分散性之间的矛盾。

连锁经营可以达到以下目标效应：

（1）共享效应

①企业形象：连锁店采用统一的企业形象，具有比其他独立企业较高的知名度。由于品牌的高知名度，消费者比较容易信任和接受，所以，连锁企业一旦创立了良好的企业形象，便能使所有的连锁店都共享由此带来的效益。

②广告宣传：广告的重要性是人人皆知的，但并不是每一家企业都有能力支付巨额的广告费用。连锁公司的广告一般都由总部统筹负责，费用由各连锁店分担，所以连锁公司的规模越大，就越有能力进行广告宣传。整体的广告宣传大大节省了费用，并能使每一家连锁店由此而获益。

（2）扩张效应

①广泛地吸引合作者：由于连锁经营具有统一的企业形象、良好的企业商誉，能广泛地吸引供应商、中间商和投资者，并积聚大量的资本，这就为连锁经营业务的扩张奠定了坚实的基础。

②较低的投资风险：由于连锁经营追求的是整体的经营规模，单体经营规模不必求大。无论在创立、改组及经营风险

等方面都比大规模的单体经营具有更强的适应性、灵活性和简便性，所以其规模的扩张也就比较容易。经营的成功率较高，且投资风险较低。

③标准化的扩张：世界著名的连锁公司大部分是在几十年里发展壮大的，其关键在于标准化。有了一套标准化的经营模式和技术，就能使连锁公司的经营迅速扩张，而且每一家连锁店都能保持一致。

（3）整合效应

提供统一的消费模式。连锁经营能为消费者提供标准化的商品和服务，从而为消费者建立统一的消费模式。

随着生活和工作节奏的加快，消费者在消费过程中更注重省时、简便和可靠的质量，以便有更多的时间去学习、工作和享受。统一的消费模式正好符合了这一消费潮流，因而受到消费大众的普遍欢迎。

整合企业的市场行为。连锁公司可以把分散的零售商组成一体，采用统一的质量标准、服务水平以及价格管理准则，使市场趋向公平、合理、规范和有效，从而提高了市场的组织化管理，增强了消费者的满意程度。

连锁经营大致可划分为3种不同的类型，我们需要根据自己的实际情况选择。

（1）标准连锁模式

标准连锁模式具有资产统一化的特征，即每一家连锁分店的所有权都属于同一体，归一个公司、一个联合组织。标准连锁实行总公司统一核算，各连锁店只是一个分设销售机构，销售利润全部由总公司支配。各连锁店不仅店名、店貌完全统一，经营管理的决策权都高度集中在公司总部，总部为每个连锁店提供全方位的服务，以保证公司的整体优势。

此种模式的经营特色是：

①种类齐全：顾客到任何一家连锁店，几乎可以买到所需要的物品。

②价格便宜：提供尽可能多的商品，以低价出售。

③质量有保证：顾客在任何一家连锁店购买的物品只要想退想换，可以在任意一家店进行。

（2）自愿连锁模式

自愿连锁是自发性连锁或任意性连锁，因此自愿连锁也可称为“自由连锁”“志同连锁”等。自愿连锁实际上是一种横向发展的合约系统。

自愿连锁一般具有3个特征：

①成员店的所有权、经营权和财务核算都是独立的，可以使用成员店各自的店名商标。

②总店或主导企业与成员店之间并不存在经营权的买卖关系，他们主要是靠合同和商业信誉建立一种互助互利关系，以达到规模经营的目的。

③总店与成员店之间是协商和服务的关系。

（3）特许连锁模式

特许连锁又称合同连锁、加盟连锁。特许连锁是指主导企业把自己开发的产品、服务和营业系统（包括商标、商号、企业象征的使用，经营技术、营业场合或区域等），以营业合同的形式，授予加盟店在规定区域内的经销权和营业权。加盟店则交纳一定的营业权使用费，并承担规定的义务。

特许连锁有以下特征：

①特许连锁实行独立核算。

②特许连锁具有资产独立性的特征。

③特许连锁公司与其授权成立的特许店是平等互利的合作关系。

④特许连锁经营方式对总公司、特许店及社会都具有明显的优势。对总店，有迅速融资的功能；对那些没有太大经济实力的特许店来说，这不失为一本万利的经营方式，经营风险较小，利润又较稳定。

2. 开店之前找准定位

同其他餐馆一样，连锁餐馆在开业前也必须做好一系列的准备工作，如果没有经过认真的市场调查、定位分析、地段选择等运作策划，往往会使连锁经营陷入困境。

（1）地点定位

地点是餐馆经营的首要因素，餐饮连锁经营也是如此。连锁店的正确选址，不仅是其成功的先决条件，也是其实现连锁经营标准化、简单化、专业化的前提条件和基础。

①商圈调查

商圈是店铺对顾客的吸引力所能达到的范围，即来店顾客所居住的地理范围。商圈调查的目的是分析商圈范围内的顾客情况及餐饮店的情况以及可能影响连锁店经营的其他情况，以得到正确的定位选择。

简单地说，地理位置好的地区一般满足以下几个条件：

其一，商业活动频率高。

其二，人口密度高。

其三，交通便利。

其四，在旅游城市风景区。

②网点布局注意事项

1）深入各消费集中区域。

2）均匀分布，并有利于扩充网点。

为了提高市场占有率，同一连锁公司的各连锁分店在区域上不可设置太近，以减少内部竞争。如麦当劳和肯德基的网点往往毗邻而居，既相互竞争又相互补充，即所谓“商圈共荣”。

③网点分布方法

就一个城市而言，是从城市外围区域发展到城市中心；就不同城市而言，是从周边城市发展，扩充网点，逐步渗入中心城市，形成连锁网络。也可以从内到外，即就一个城市而言，从中心向外发展；就不同城市而言，先立足大城市，再向周边城市扩散。例如：麦当劳连锁店登陆北京市场，首先在北京最繁华的商业中心——王府井的路口开设第一个网点，在得到迅速发展后，又先后在东四、长安街等繁华区添设网点。又如肯德基进入上海市场时，先在上海最繁华的商业中心——南京路设立网点，待连锁店发展到一定规模后，再向居民区或市郊扩散网点。也有一些餐饮连锁企业反其道而行之，先在居民区或市郊设立网点，然后再向竞争激烈的商业中心发展。

连锁经营网点分布可以是全国性的，甚至可以是遍布全球的，但必须进行区域分割和相对集中化。如果没有一定的空间，则难以实现规模效益。

（2）顾客定位

餐饮连锁企业要想在众多餐饮店的激烈竞争中取得理想的效益，必须进行顾客定位，明晰自身的目标市场。麦当劳、肯德基的成功离不开成功的定位，如果一开始就无明确的定位，产品无特色，口味一般，再加上售价不合适，青少年、儿童不来，中老年人也不来，最后只能关门大吉，被淘汰出局。

当拟定一个理想的店铺经营场所时，不仅要对商圈内的人口、收入、支出进行分析，还必须具体分析商圈内顾客的消费倾向。各个细分市场的需求不同，例如年轻人、老年人、购物者、商人、学生、家庭、单身者的消费需求各有差异。可以通过确定各个细分市场的顾客每隔多长时间外出就餐一次，进行定量分析。

顾客的饮食消费与其他消费行为不同，有其特殊性。要进行顾客定位，就要了解顾客饮食消费的特点。

①饮食消费目的的明确性

顾客选择用餐场所时，一般借助个人的多种比较和心理感受。

②饮食消费的直接性

到餐馆用餐必须由消费者本人亲自到场，而不能像其他商品那样可以请他人代为购买。餐饮产品由有形实物与无形劳务结合而成，顾客对餐饮产品的消费过程与餐饮产品的生产过程同时进行。

③餐饮消费的综合性

人们对餐饮产品的要求早已不限于果腹，而是更注重精神上的需要和满足。随着社会的进步，饮食消费的综合性越来越明显。因此餐饮企业要向顾客提供具备综合性的餐饮产品，才能满足现代社会消费多元性的需要。

④饮食消费的重复性

人类生存的基本需求是一日三餐，天天如此。饮食消费具有重复性与周期性。餐饮企业应充分利用消费者的动机强化机能，努力给顾客留下美好的印象和满意的心理感受，使他们的消费行为周期地、重复地出现。

（3）竞争定位

以顾客为中心的定位往往使店铺的形象趋于一致，而难以获得较高的市场占有率。所以，有人提出一种新的营销理念，即从以消费者为中心转移到以竞争者为中心。只要避开或打败竞争者，其市场占有率就会有大幅提高。

①竞争店的调查

主要是调查商圈范围内的竞争店。

调查内容有：与竞争店的距离、交通条件、餐饮产品质量及价格、餐饮产品种类及构成、店铺规模、就餐顾客及营业状况等。

②竞争定位

虽然完全依照竞争定位是不可行的，但竞争策略的选择是非常重要的。

（4）占据市场空穴定位

在新消费需求领域中一定存在市场空穴，餐饮连锁企业经营者应着眼于市场空穴，抢先占据有利地形，经营与竞争店不同类型的餐饮产品，展示独特性。许多餐饮连锁企业在扩充其网点时经常会采取两种定位方法：

①攻击性的竞争定位：这种竞争策略得以实施的条件是强大的竞争力。餐饮连锁公司凭借着自己强大的实力采取攻击性的竞争，从而使市场占有率名列前茅。

②借鸡生蛋定位：这是一种追随性的竞争策略，追随商圈内的一些竞争店，凭借他人率先打开市场的气势，进行竞争性搭车。

3. 连锁经营的5大战术

餐饮连锁经营的外部营销过程包括战略和战术两方面的内容。前面讲的市场定位，属于战略内容，其核心是选定目标市场，为战术实施提供重要依据。战术是连锁经营的产品策略、价格策略、促销策略部分，其核心是市场营销组合。

（1）餐饮连锁经营的价格策略

价格在市场营销因素中起到中枢作用，因为正是定价带来了经营收入。企业经营活动能否成功，在一定程度上取决于定价的合理性。定价决策在为顾客确定产品价值上有重大意义，并起到为餐饮服务树立形象的作用。

价格策略就是把定价与餐饮企业市场营销组合的其他因素巧妙地结合起来，制定出最有利的产品价格，以实现企业的经营目标。制定的价格既要使顾客接受，同时也要给企业带来最佳的效益，从而充分发挥价格的杠杆作用，使企业取得竞争优势。定价策略还会影响供应和营销渠道的其他部分，供应商及竞争对手都会受到定价系统的影响。

有关定价的问题，我们在前面已有详细阐述，这里就不复述了。

（2）餐饮连锁经营的促销策略

在日益激烈的市场竞争形势下，餐饮连锁企业要站稳脚跟，打开市场，离不开有效的营销手段。市场促销手段以其灵活机动、经济有效的特殊魅力正日益受到企业的青睐。现今此起彼伏的促销风潮、花样翻新的促销活动都一再说明，市场促销在商战中正起着日益重要的作用。越来越多的企业都希望用它去战胜自己的竞争对手。餐饮连锁企业为扩大知名度，提高销售额，往往会在市场促销上投入巨资，一般快餐业在促销上的花费可达销售收入的3%~7%。餐饮连锁总部每年应制订一份全年度促销计划，使公司总部统一的促销活动以及各分店自行安排的促销活动都能有计划的进行。

促销的一般目的是通过向市场和消费者传播信息，以促进销售、提高业绩。例如扩大营业额、提高毛利额、稳定老顾客、增加新顾客、提高公司知名度等。但是，公司在不同时期的促销活动会有不同的目的，因此采取的促销方式也不尽相同。关于促销的各种手段，前文中已经涉猎，这里不再单独讲述。

（3）营业推广

营业推广是餐饮连锁企业为了促使目标市场的顾客尽快、大量、重复购买其经营的餐饮产品而采取的一系列鼓励性促销措施。其目的主要是在短期内迅速刺激需求，取得立竿见影的效果。营业推广没有固定的统一形式，要根据餐饮连锁店的经营特点、经济实力、顾客消费心理特点、市场需求变化等因素来设计具体推广方式。形式灵活多样，不断翻新。营业推广多用于一定时期、一定任务的短期特别推销。营业推广的优势有：

①营业推广的作用方向或对象比较容易得到控制。

②营业推广的效果可以在很短的时间内清楚地表现出来。

③营业推广易于吸引公众的注意和兴趣。

由于营业推广具有这些优势，所以它被作为一种解决眼前问题和实现短期目标的战术性手段。但是，在激烈的市场竞争中，餐饮连锁企业不仅要实现短期目标，还应从长计议，确定明确的发展战略。

（4）优惠券是餐饮业推广的主要方式

优惠券已经经历了100多年的发展，它的使用领域也从当初的一般生活消费品领域扩展到餐饮业中。优惠券促销已经发展成一个形式多样、运作规范、效果显著的促销方法。用优惠券的形式鼓励新的顾客前来消费以及吸引顾客重复购买，从而迅速增加销量。优惠券的发放形式有：

①活页形式

指把连锁餐馆的优惠券制作成小卡片或小传单，然后将它们夹在报纸或杂志里，随这些报纸或杂志送到顾客手中。

这种形式在周末的报纸或杂志中最常见，很容易吸引顾客前往。或者将优惠券赠给前来用餐的顾客，供其下次前来用餐时折价使用，以鼓励其重复消费。

②广告形式

在这种形式中，优惠券被直接印制在报纸或杂志的某一页上，类似报纸杂志中的广告。

在多数情况下，优惠券常被作为广告内容的一部分与广告一同出现在报纸或杂志的某一页上，消费者可凭此页在连锁餐馆用餐时享受优惠。

③增刊形式

采用这种形式主要是在报纸或杂志的周末版中开辟增刊，优惠券通过周末增刊送到顾客手中。如果报纸或杂志没有周末版，也可以利用周末增刊发送优惠券。

优惠券促销活动能达到怎样的效果，关键在于公众实际参与的程度有多高。优惠券的兑现率是衡量公众对促销活动有多大热情，参与到什么程度的一个重要指标。兑现率的高低受以下一些因素的影响：

1）优惠券分发过程的管理。

2）发送目标的选择。

3）公众品牌意识的培养。

④赠送形式

通过赠送礼品促销是向来店用餐的顾客赠送纪念品、礼品、生日蛋糕以及免费品尝某道特色风味菜肴等，以此增加顾客对本餐馆的信任和好感，达到促销的目的。餐饮连锁公司向顾客赠送礼品有以下几种方式：

1）向一次性消费达到一定数额的顾客赠送礼品。如肯德基曾经推出购买儿童套餐可获赠一份可爱的儿童玩具。

2）交易印花形式。这种形式就是顾客每次到餐饮连锁公司所属的任意一家分店用餐，都可获得一张特定印花，当印花积攒到一定数量时，可以兑换成相应的礼品或一份免费食品。积累的印花张数越多，礼品的价值越高。

3）节日性赠品。这种形式是在各种传统节庆假日或店庆日，通过向顾客赠送礼品、提供一些免费服务等进行促销。前文提到过，传统节日基本上均匀分布在全年各月之中，适时借用可以增大促销力度。而国庆节、圣诞节、元旦、春节更是商家竞相促销的热点，餐饮业主们同样也不放过这些促销的好机会。除了节日及店庆日外，有些餐馆也为前来就餐的顾客庆祝生日，赠送生日蛋糕及小礼品。肯德基曾特意为前来用餐的小顾客准备庆祝生日会，餐馆内专门为此划出区域。

向顾客赠送礼品进行促销的形式已被广泛使用，赠品促销活动成功的关键在于赠品是否能真正吸引顾客。

餐饮连锁公司在选择及确定促销赠品时应注意：

1）适合餐馆的促销目标群体：送给什么样的顾客都要设计合理，投其所好。

2）能展现餐饮连锁公司的形象：可将一些象征性图案、广告词等印制在礼品上，并且要与公司的形象相符合。

3）尽量降低礼品费用：应该摸清顾客心理，设计那种看上去价值很高其实价值并不高的礼品。

⑤趣味活动

一方面，由于日趋激烈的市场竞争，餐饮连锁企业必须不断更新营销手段；另一方面，广大顾客也表现出对老式促销活动的厌倦。为了保持他们参与的兴趣和热情，公司也可以借助开展趣味活动来进行促销，使顾客对促销活动始终持有新鲜感。趣味活动促销的主要形式有：

1）抽奖活动

抽奖活动可为餐馆营业或广告宣传烘托气氛，吸引公众注意，增加客流量。如圣诞夜各餐馆都纷纷举办圣诞抽奖活动以吸引顾客，前来用餐的每一位顾客都有资格参加抽奖。抽奖活动简单易行，便于顾客参加，而获奖者是按照随机方法产生。抽奖活动的形式灵活多样，且易于和其他促销形式搭配使用。

2）游戏活动

游戏活动促销是趣味促销的另一种形式。它在形式上或内容上都更不拘一格，具有非常大的创作余地，并且也可以把趣味促销的其他形式中的某些成分吸收进来。

趣味促销和其他促销活动一样，成功与否要看社会公众对它的反应程度。餐饮连锁企业要唤起公众强烈的兴趣和参与欲望，在进行趣味促销活动时应注意：要选择合适的活动形式；要选择恰当的奖金或奖品；要组织有效的广告宣传活动；要制定周密的活动规则。

4. 餐饮连锁企业 CIS 的建立

（1）CIS概述

可能你一看到英文就觉得头大了一圈，心想这么复杂专业的东西我怎么能明白？其实不要这么想，弄清它是什么并不困难，只要用心，你就能明白这种系统思想。

CIS其实就是“企业识别系统”的英文缩写，也称企业形象设计系统。是以商标为造型，以色彩计划为核心，将企业的经营理念、管理特色、社会使命感、产品包装风格及产销策略等，运用整体性传播行销——特别是运用视觉沟通技术——传达给企业周围的关系者，包括员工、社会大众、政府机关等团体和个人，以塑造良好的企业形象，使他们对企业产生一致的认同感与价值观，以赢得社会大众及消费者的信赖和肯定，为企业带来更好的经营绩效。

企业通过CIS这种特殊的协调系统的整合，能在内部强化“群体意识”，加强人员的向心力和参与感，产生强大的凝聚力，并因规范化、秩序化和条理化而有利于企业的经营和管理，从总体上提高员工的素质。

就外界而言，可使社会和消费者更明晰地认识该企业的产品或服务，并从心理上给同业竞争者以压力，在市场上给竞争者以钳制。其效应是大幅扩展企业的影响，提高企业的知名度和信誉，融通与经营客户的业务渠道，并与外部社会建立良好的经营环境，以提升企业形象，在复杂而激烈的竞争中求生存、谋发展，占据有利的市场地位。

CIS总体由3个要素组成：理念识别、活动识别、视觉识别。

理念是指企业组织的经营理念，也是CIS的基本精神所在。理念识别包括经营目标、精神标语、企业风格文化、经营哲学与方针策略等，其中精神标语是其具体的责任。

活动识别是一种动态的识别形式，理念识别是它的价值链的源头。它规划企业内部的组织、管理、教育培训以及对社会的一切活动。

视觉系统的基本要素有企业名称、铭牌标志、标准文字、标准色彩、象征图案、企业造型、宣传标语及口号等，并应用于设备、招牌、旗帜、建筑外观、室内装修、交通工具、衣着制服、橱窗、广告及陈列展示等内容。所以，视觉识别的感染力是最强的，而且十分具体。透过视觉识别，使社会大众能一目了然地看到表现企业的基本精神及独特性，从而达到识别的目的。

餐饮连锁企业实施CIS能带来以下好处：

第一，凸显连锁餐饮企业的形象与知名度。

当今社会是一个高度信息化的社会，行业竞争激烈，这对企业经营来讲是不利的。餐饮连锁企业就处于这样一种状况。而CIS的视觉系统所包括的项目最多、层面较广，表现方式最直接，可以取得较好的信息传播效果。

第二，吸引人才。

企业对人才的需要是十分迫切的，只有吸引优秀人才，才能提高生产力并保持这种增长。建立了良好的企业形象，企业自然能稳定员工队伍，培养和吸引新的人才，使企业获得发展的最根本保障。

第三，激励员工的士气，塑造良好的组织气氛。

CIS的视觉计划，能给人耳目一新、朝气蓬勃的感觉，这能够改善员工的工作环境，体现企业对员工的重视程度，激励员工士气，提高工作效率。

第四，提高广告效应，使营业额增加。

CIS使企业传达的信息更为简练，易吸引广告受众，并为其接受。

第五，统一设计制作可以节省成本。

CIS建立以后，各连锁分店可以遵循统一的设计形式，应用在各种设计项目上。一方面可以节省制作、设计的时间与成本，避免无谓的浪费；另一方面又可以使视觉效果统一。

第六，利于企业内部管理。

餐饮连锁企业在面对不断增加的产品和各种应用设计时，需要有一套良好且方便的服务业管理系统。通过CIS可缩短新的员工培训与适应企业工作的时间，有利于企业内部管理。

（2）CIS建立的原则

餐饮企业实施CIS，必须按照调查、企业定位、远离竞争者、让人记住你、一致性这样的导入流程，才能使企业具有完整的形象，让消费者接受。建立CIS的行动，要遵循6个原则：

调查：餐饮连锁企业首先要熟悉市场，然后才能做进一步的了解。

企业定位：企业定位是企业经营的重要决策。企业及产品形象，必须发挥下述功能：能让消费者非常容易地区分本企业与其他竞争者的不同；能加强顾客对企业及其产品的信心。

远离竞争者：这个原则是指企业要与众不同，这种做法有一定的风险，但可以引起公众注意。有的时候，企业运用形象便可表明本企业与其他企业的不同，也许内容是一样的，但表现的形式可以不同。

一致性：当企业知道该传达什么信息给消费者，并知道怎样传达时，就应该保持其形象和信息的一致性。企业实施CIS，必须具备连续性、一致性、可信度等要素，才能体现整体印象。不一致的印象会使消费者产生困惑，并带来不良的后果。

让人记住你：企业要设法让消费者看见你、听到你、记住你，因此企业必须经常地、大力度地宣传自己。再好的产品设计、形象设计，如果没有人看到或听到，一切都将白费。

形象建立：从消费心理的角度看，消费者购买任何产品的动机，除了实物消费外，还有心理消费，也就是说消费者会受产品及其企业的印象所影响。这正是良好的设计与促销附加在产品上的品牌价值。

（3）实行CIS的战略步骤

①制定明确的目标

由于目前国内的各餐饮连锁企业之间的实力不分伯仲，再加上餐饮产品日趋同化，因此，强调“差异性”的企业形象，便成为企业竞争的一项有力武器。

②设定形象的概念

CIS战略的第二步骤是设定一流的形象概念。企业的经营者必须让企业内外人员，全力按照第一个步骤所拟定的企业战略来行动。使企业内外人员达成共识和配合企业战略，关键在于餐饮业的培训(对内)和广告（对外）。通过餐饮产品和服务来验证广告，而这一切必须用CIS时时与大众沟通，说明企业的努力方向和企业形象，只有这样，才能建立被社会大众所公认的一流形象。

③使企业形象概念具体化

企业形象概念一旦设定，接下来就要将所制定完成的企业理念应用于企业标志、标准字、商标、企业造型等要素上。因为如果不能找到完美的表达方式，CIS战略仍可能功亏一篑。所以，将确定的一流形象概念应用于基本项目的具体工具上，是实施CIS的重点。

④扩展应用设计系统

实行CIS的第四个步骤，就是把标准字体和商标等的基本要素应用在海报、广告、室内摆设、展示及招牌等方面。

⑤结合企业战略与企业日常经营

实施CIS战略的最后一个步骤，是使CIS战略成为餐饮连锁企业对外扩展、对内强化管理的手段。只有使战略和企业理念深入企业内部，才能发挥最大的实战效能。

（4）CIS企划案

①CIS原则内容

企业的CIS概念：包括企业未来的经营风格、理念、形象、方针、业务范围、重要概念等。

具体可行的策略：为了具体地表达上述概念，必须定出实际可行的做法。

CIS的设计开发要领：是要具体而详细地说明CIS设计开发计划，使它能立即指导展开工作。

和CIS有关的补充计划：为了顺利达到CIS的目的，除了必须设计开发计划外，还得配合企业对内、对外的信息传递开发计划以及各种相关的计划。

②企划案的重心

一个完整的CIS企划案必须包括下列项目：

1）标题。

2）提案的目的。

3）引进CIS的理由和背景。

4）引进计划。

5）CIS的计划方针。

6）具体的实行细则。

7）CIS计划的推动、组织、协办者。

8）实施CIS计划所需的费用与时间。

在这8个项目中有两大重点：提案的目的与引进CIS的理由和背景。尤其是引进CIS的理由，一定要说清楚，因为它可能决定了企业对CIS的系统运作方向。在提出问题时，不能只是针对企业目前的缺点，还应根据时代的趋势、业界的现状提出相关的看法，并以长远的眼光来审视问题。

（5）执行工作大纲

在内容确定后，就可制定执行大纲。执行大纲的内容主要有：

①确定明确的主题：每一个企划案都必须有一个具有吸引力的标题，当然也可以只用“关于本企业CIS引进大纲”为主题。但是通常情况下，拟定一个有意义的主题是比较合适的。

②确定CIS实施的范围：如果仅仅是企业内部的沟通或体

制改善的问题，则不必实施CIS，只需在内部自行进行改进方针的作业即可；如果是以商品开发或业务拓展为主，则以拟定品牌形象策略的作业最适用了。

③拟定具体实施活动的办法：企业在经过研究分析认为有必要导入CIS时，则应对主题、着眼点、背景等问题进行评估，因为在导入作业实施的每一个阶段，各项工作都是环环相扣的。因此在对整体作业大纲进行分类后，应根据需要，设计各种不同的活动方式来配合行动。

④编列经费：通常在企划的阶段，对实施作业的经费要多少是不容易掌握的，但如果提案对成本没有一些具体的评估，实施控制的可行性就更小了。因此，需要先做出预算的项目与经费。

一般而言，所需经费包括调查企划费用、视觉设计费用、各类项目实施作业费用、内外沟通作业费、评估与管理费等。由上述各项作业内容预算出大致的金额，但在预算经费上要保留一些弹性。

CIS开发的费用对企业来说不应理解为“开支”，而是一种“投资”。企业经营者必须将CIS计划的费用视为企业的一项重要资产。

5. 连锁店的菜式选择与配送

餐饮连锁店不同于普通的餐饮店，所以它的菜式与口味选择方法不是那么简单。

中国有13亿人口，餐饮连锁店的发展必将在今后饮食业的发展中唱重头戏，现在正是发展餐饮连锁的良好时机。餐饮连锁成功关键还在于口味的选择、菜式的质量和服务的水平。洋快餐在中国的风行使一些餐饮连锁企业盲目跟随、模仿，结果只能惨淡经营，而另一些餐饮连锁企业则积极开发具有中国特色的餐饮产品，弘扬民族文化。

洋快餐虽受欢迎，但对大多数中国人来说，与其说它是一种能填饱肚子的快餐，不如说是一种颇具时尚的休闲食品或换换口味的风味小吃。所以，发展中式餐饮连锁企业大有作为。

（1）连锁餐馆口味选择

餐饮连锁店选择菜式首先要符合人们的饮食习惯和口味。

由于我国历史悠久、地域辽阔、民族众多，所以全国各地的饮食习惯是不相同的。在我国很难找到一种食物或口味，在全国各地都有广泛的市场。我国人民比较遵循传统，尤其是饮食服务行业，许多饮食服务企业还在致力改进食物的色、香、味，以开发特色食品，提高服务质量来吸引客人。而我国发展餐饮连锁集团也要在口味和菜式上分两步走：

①区域性的餐饮连锁，以经营区域内的食品为主，满足人们日常的饮食需要，跟上餐饮社会化发展的趋势。

②全国性乃至世界性的餐饮连锁，以经营特色菜式，老字号食品为主，满足人们休闲娱乐的需要，满足人们饮食多样性的需要。

（2）建立口味供应链

一般来说，一种食品原料的供应总是有限的，符合餐饮店标准的食品原料更是有限，在选择菜式时必须注意这个问题。当连锁餐饮店的数量较小时，这个矛盾是不明显或不突出的，但是一旦连锁店的数量增加，供应就会出问题。任何一家连锁集团在发展中都会遇到这个问题。

（3）配送中心

下面来讲食品配送。

配送送货在连锁企业管理系统中，是一种特殊的、综合的活动形式，其核心是送货到达指定的场所，但围绕这一核心必须进行一系列的采购、储存、运输活动。配送中心对于连锁经营的组织来说，就是运送物品的循环系统。

餐饮连锁企业与其他零售连锁相比，其配送中心有个显著的特征是，餐饮连锁企业配送的物品原料多为鲜活食品原料。所以应实行定时定量申请、定时定量配送制。为保证食品原料的鲜活，分店一般一天申请一次，原料的量应以控制在当天消耗完为宜。

配送中心与普通仓库不同。仓库的主要功能仅是长期储存物品，而配送中心虽然具有仓库的储存功能，但绝不是被动地接受委托存放物品，它还具有流通的职能。配送中心起集配的作用，它根据餐馆经营所需的设备，并根据各店铺的要求配齐所需物品，对食品原料进行半成品加工，并尽快发送。配送中心的功能。

①服务功能：配送中心的服务功能是提供物流方面的整体服务。具体包括采购、加工、分拣、配组、仓储和运输等。

②采购功能：采购功能是对餐饮连锁餐馆经营所需的一切设备、物品、原料进行采集。采购功能是配送中心整体功能发挥的主要基础。如果配送中心不承担采购功能，整体效益就很难体现。

③加工功能：加工功能是对采购来的食品原料进行简单加工，以适合配送和储存。

④分拣功能：分拣功能是按照各连锁店的不同要求，对各种物品、原料进行有效选择，按一定的种类、规格、数量进行理货。

⑤配组功能：配组功能是将各连锁店所需的不同物品、原料进行配货、分放和分装。

⑥仓储功能：仓储功能是指通过集中库存来实现对各连锁店的服务。虽然一些餐饮连锁公司采取由厂家直接向各分店发货的方式，但配送中心的仓储功能仍是必不可少的。

⑦运输功能：运输功能是将分装、配组好的货物送到各个店铺。配送中心强调的是配与送，“配”是完善“送”的行为，“送”是“配”的延续和目的。

6. 餐饮连锁店的特许加盟

采取特许加盟形式的餐饮连锁店一直是餐饮连锁企业中的主力，众所周知的麦当劳、肯德基等就是采取特许加盟形式的。我国的一些著名企业亦已尝试采用特许经营的方式扩展业务，如全聚德烤鸭、狗不理包子等。餐饮连锁企业扩展特许加盟业务涉及特许人对其特权的销售及其受许人如何购买特许业务，而且餐饮连锁企业特许经营的成功还有赖于特许公司对加盟店的有效管理。

（1）加盟条件

餐饮连锁店开展特许加盟业务必须具备一定的条件，而潜在受许人也必须达到特许人的要求才能入选成为加盟者。

①特许人所应具备的条件：

1）掌握现代特许经营的运作原理。

2）了解特许经营的经营特点及相关法律知识。

3）具有对特许经营体系进行良好管理的能力。

4）必须具备一个能被社会公众广泛接受的企业形象。

5）所提供的餐饮产品及服务必须具有标准性及规范性，经营模式必须具有统一性。

6）所提供的餐饮产品必须具有独特性。

餐饮连锁企业要吸引众多加盟店加盟，并且使其乐意支付一定的经营权使用费及履行其应承担的义务，必须有其他餐饮连锁企业无可比拟的独特的产品优势及吸引力。

②受许人所应具备的条件

选择一个好的加盟者，是特许经营成功的基本保证。若在选择时没有慎重考虑，很可能会导致加盟店经营的失败，甚至影响整个连锁企业的公众形象和信誉。因此，餐饮连锁企业应制定出受许人所应具备的条件，以便权衡。受许人应具备的条件主要包括：

1）受许人的经营意识。

无论受许人是个人还是组织，连锁总部都应把受许人是否具备专业性的经营意识作为首要的选择条件。并且，还要看受许人能否全身心地投入加盟店经营。

2）受许人的财力

潜在受许人必须具备一定的资金，也必须在加盟店投入自己的资金。适度的资金投入能对受许人产生有效的刺激，这是特许权交易中的一个基本特征。

3）受许人的管理组织能力

加盟店的日常运作是否顺利，取决于受许人的管理组织能力。所以，在选择受许人时，应考察受许人以往的实际工作经验以及管理组织能力。

4）受许人对特许人的信任

受许人若对特许人提供的体系方法和经营诀窍缺乏信任，必将影响其遵守特许体系规则及其与特许人之间的良好沟通。所以，为了达到一个共同目标，即特许经营的成功，受许人必须拥有对特许人的高度信任。

只有对申请人做出全面的评价，才能决定是否选择其作为受许人。特许人应尽量谨慎小心，否则，一个轻率的决定会影响整个特许连锁企业在公众心目中的地位。

（2）加盟合约及加盟手册

加盟合约及加盟手册是特许加盟业务操作时所必须具备的文件。特许关系是一种契约关系，加盟合约对于特许人和受许人都是至关重要的。而操作手册则是特许连锁企业经营体系的精髓，也是受许人行动的指南。

加盟合约是规定总部与加盟店的关系以及加盟权利义务的法律文件，也是特许经营这种业务发展形式的基础。对特许人而言，所授权的内容是特许制度的根基，是特许体系得以发展的依据。如果没有加盟合约对之进行约束和保护，一旦一家加盟店经营失败，整个体系的发展就会严重受损。对受许人而言，加盟合约规定了特许人收取的特许费金额，并保证特许人全部经营技术的提供。

①加盟合约的主要内容

1）经营区域限制：

合约内应写明特许人授予的区域独占权，即在该区域内不再指定其他受许人或特许人自己经营业务。

特许人不将其生产的产品或其商标交与受许人所在区域的第三方使用。

受许人可被限制在合约中指明的场所进行营业活动。

在特许人的同意下，受许人可以改换其营业场所。

禁止受许人去授权区域外吸引顾客，但不得要求受许人拒绝向主动前来的区域外顾客提供服务。

受许人应被禁止在其区域外销售特许权。

2）产品要求：

受许人销售和使用符合特许人制定的最低标准的产品和服务。

销售和使用仅由特许人制造的产品和服务。

销售和使用指定第三方生产的符合特许人标准的产品和服务。

尽其最大努力销售产品。

为其提供的产品和服务做出保证。

3）竞争

受许人不得制造、销售和使用特许人竞争对手的产品。

为了保护特许人的权利，或特许体系的整体形象和声誉，受许人不得直接或间接卷入某一区域的相似经营活动。

为了保护特许人的权利，或特许体系的整体形象和声誉，受许人不得接受体系竞争对手的财务资助。

4）经营诀窍

受许人在合约期间和合约中止以后，不得为除开发特许权以外的目的使用经营诀窍，但当此经营诀窍成为常识后则不在此限。

受许人在合约期间和合约中止以后，不得向第三方泄露此经营诀窍。

要求受许人的员工保守经营诀窍的秘密，受许人应告知其员工必须忠于职守。

5）其他

特许人必须促使受许人明确指出受许人作为独立经营者的地位。

为了保护特许人的权利或特许体系的整体形象和声誉，受许人需要为体系的广告活动做出贡献，并只在经过特许人认可的方式下开展自己的广告活动。

②加盟合约的结构

加盟合约应包括如下条款：

1）导言。

2）合约期限。

3）首期特许费和其他费用。

4）出售给受许人的产品和服务。

5）财务报告及检查。

6）区域限定。

7）店铺准备。

8）店铺租赁。

9）商标、服务标记及其他商业符号。

10）操作手册的使用。

11）促销与广告。

12）培训。

13）特许人应有的权利。

14）特许人对受许人的业务支持。

15）商业机制。

16）竞争限制。

17）特许业务的让渡。

18）优先购买权。

19）展期。

20）合约中止。

21）合约终止时受许人的义务。

③加盟手册

特许人把加盟手册提供给受许人作为其今后业务经营活动中的指导。加盟手册中包含以书面形式提供的经营特许业务的详细手法，包括日常经营业务所需的各个细节方面的指导资料。

（3）加盟管理

一旦特许关系建立，特许人与受许人都应遵守加盟合约。特许人向受许人提供一系列经营指导及管理咨询，而受许人要遵守特许人提供的经营指导，尊重特许人对名称、经营诀窍、实践经验的所有权。特许公司是否能对各加盟店进行有效管理，是餐饮连锁企业特许经营成功的关键。我国的一些采取特许经营形式的餐饮连锁企业对特许经营的认识还存在着一些误区，导致一些企业在走过开业初期几年的沸沸扬扬之后，便陷入了困境。这些企业不重视对加盟店的管理，认为只要多开店，就能赚大钱。盲目地快速扩大加盟店数量，没有经过认真的市场调查和研究就遍地开花，结果导致各加盟店各行其是，无法在经营上与总部保持有效的协调统一，最终造成加盟店的崩溃瓦解。

①双方关系处理

特许人和受许人之间的良好关系是获得成功的基础和保证。特许体系中总部和加盟店的关系与其他类型的商业关系有很大区别，它们的关系是一种不同所有者之间的合同契约关系，二者在法律上是相互独立的，但在业务活动中又是相互配合的。

1）收取适当的特许费

特许人通过收取高额特许费来缩短到达收支平衡点的时间是不现实的。收取的费用越高，支付得起的受许人就越少，因而特许人的收入就越少。因而特许人应收取适当的特许费。

2）分享利益

特许人将一部分好处转让给加盟店，会使受许人更具向心力，从而增强总部和加盟店之间的团结。从长远观点看，特许人的成功取决于他帮助受许人挣钱的能力。

3）杜绝秘密利润

特许人在开发大量的收入来源时，有一个基本原则，就是特许人不能从向受许人收取的费用中获得一个秘密利润。因为这不但会不公正地减少受许人的利润，还能阻止受许人从整个体系的谈判能力中获益。如果受许人发现秘密利润的存在，将严重破坏双方的相互信赖，而这本是双方良好关系的基础。

②特许人提供的支持与监督

特许人在一定的风险下，使用自己的资金开发并经营新业务，在经营过程中及时发现并解决可能出现的问题和困难，从而使受许人在今后的新业务经营过程中避免风险，并且在受许人经营过程中不断提供监督和支持，确保加盟店顺利经营。

1）前期支持

业前培训：培训内容主要包括基本技能培训及其经营方法培训。基本技能包括记录、会计、报告、人员选择、管理和控制等；经营方法包括业务具体经营细则、业务程序等。

开业准备：特许人应协助受许人选择合适的店址、店铺以及开业前的各项准备工作。

店址选择：特许人根据事先确定的选址标准，为受许人调查和评估地点，并向受许人提出建议。

租借谈判：特许人应协助受许人就租借营业场所进行谈判。

店铺设计：特许人帮助受许人设计分店。一般来说，特许人对分店设计、布局有详细的要求，并且将提供详尽的设计计划或指定专门的设计单位完成此项工作。

设备要求：如果经营所需的标准化设备不是特许权组合的一部分，那么特许人将提供建议，并协助受许人以最经济的价格选择合适的设备。例如，特许人将提供厨房设备清单，包括设备名称、型号和规格，以帮助受许人处理这些问题。

开业：特许人应为受许人准备开业的最后阶段提供关键性的指导和帮助。一般是总部委派一个专门工作小组来完成此项工作。

2）后续支持服务

对营业标准和执行状况进行监督：特许人对加盟店的经营情况进行监控对双方而言都是一个有价值的重要工具。对受许人来说，这项工作能帮助他获得自己经营状况和财务状况的关键信息；而对特许人而言，不仅使其得到整个特许体系的经营状况资料，也为其检查应支付的费用提供途径。总部建立督导员督导制度，定人定期对各加盟店经营情况进行监督检查。

跟踪培训支持：开业后的跟踪培训依然重要，特别是经营不善的受许人更需要进行再培训，以提高服务质量及经营水平。另外，当总部开发出新产品、更新操作手册或采用新设备时，都要及时对各分店提供培训支持。

总部组织支持：总部囊括各个领域的专家，给受许人提供极大的协助。这些领域包括管理、会计、广告、市场营销、公共关系、产品质量控制等。这是单体经营的餐馆所无法拥有的优势。

研究与开发支持：特许体系需要不断地进行创新，并及时引入新观念和新方法，以提高特许业务的经营效益。总部对产品、服务、经营体系和市场形象的研究和开发都应制定出相应的计划，并及时向各加盟店提供更新支持。

广告和促销支持：总部在大多数情况下承担着进行广告、促销和公共关系的责任。受许人一般应贡献一定的资金作为总部在全国或地区范围内进行广告宣传的费用。

③加盟费用及其他开业费用

在特许经营中，受许人从独立经营业务中获得营业收入，而特许人通过收取品牌授权金、定期权利金以及销售特许权组合取得收入。受许人在决定购买特许权之前，应进行充分的投资估算。

投资特许店所需的资金估算，比估算独立经营餐馆的投资额更具复杂性。受许人除了要估计经营连锁餐馆的基本支出以外，还必须了解支付给特许人的费用额度，如品牌授权金、定期权利金、技术指导费、员工培训费等。

受许人购买特许权所需支付的费用大致有以下一些项目：

1）品牌授权金

这是指受许人为了获得特许经营权而在营业前支付的首期特许费。除了少数的特许经营公司以定期的权利金代替品牌授权金外，大多数特许公司都要向受许人收取金额不等的品牌授权金。

2）定期权利金

这是受许人在营业过程中按一定的标准向特许公司支付的后期特许费用。权利金可以按年度、季度、月度或者星期支付给特许公司。权利金的额度一般是以连锁店的营业额为标准按一定的百分比计算的。

3）保证金

特许公司一般还会要求受许人支付一笔合约保证金。在合约期满后，如特许经营公司与受许人不再续约，且受许人在特许经营期间无任何违约行为，则由特许公司退还给受许人。

4）店面的租购费用

若特许公司提供店铺租赁，则需支付一定的租赁费用。

5）店面的建筑装潢费用

一般由特许公司负责对连锁店进行统一装潢，受许人也许要为此支付一定的费用。

6）连锁餐馆的设备采购或租赁

特许公司向受许人提供餐馆设备种类、规格、备选品牌等原则标准，可以直接出售给受许人，也可以提供供应商信息，由受许人自行购买。还有一些特许公司与受许人签订设备租赁协议，以降低受许人的投资费用。

7）员工培训费用

这笔费用通常包含在品牌授权金或定期权利金内，但特许公司也可能会额外收取。

8）广告费用

特许经营公司的广告费用一般由特许人和受许人共同承担。一般特许人按受许人营业收入的百分比来收取广告基金。

9）其他费用

申请营业执照、其他证件及聘请律师的费用；银行贷款利息；员工薪水的支出；店铺保安系统的安装费用；开业的库存支出；开业期间的宣传费；基本营业开支。

④沟通渠道

总部和加盟店不是雇佣关系，而是合作伙伴关系。总部与加盟店之间若没有良好的沟通，会给双方良好关系的维持带来困难。一般有以下几种主要的沟通方式：

1）人员接触

人员接触是双方良好沟通的主要方式。在大多数的情况下，由总部的专家、督导员或现场支持人员来完成。特许人对受许人业务单位的每次访问都应在督察报表上做好详细记录。特许人向受许人提供总部工作信息以及与受许人共同讨论工作报告，保证双方达成共识及良好沟通。

2）书面沟通

总部与加盟店之间的书面沟通也许会比人员接触更加频繁。书面沟通因能以清晰的方式向受许人提供正确的信息而占有重要地位。

书面沟通的形式有：

信函；本公司业务通信、店报；更新的操作手册；总部指令；督导员督察报告；分店业务情况报告等。

3）特许会议

总部定期召开受许人工作会议也是一种重要的沟通手

段。会议根据规模大小分地区级会议和全国性会议。在会议上，总部可向受许人提出改进经营的方法、介绍新产品，或介绍正在进行的研究和开发工作及建议采取的促销和营销活动。受许人也可在会议上提出建设性意见，为特许公司的发展做出积极贡献。

双方的沟通对于特许关系的保证及发展极为重要，而双方关系的好坏又直接影响特许人与受许人的经营成果。所以，特许总部应注重与各加盟店之间的沟通与协调。

⑤加盟方式

处理好总部与各加盟店的关系对餐饮连锁企业顺利发展连锁体系是至关重要的，而一套科学的加盟管理方法和程序对连锁总部来说更是不可缺少的。一些餐饮连锁企业针对不同的地区、不同的加盟对象，采取灵活的授权方式。例如可以由特许经营公司协助受许人投资新店、准备加盟店的一切设备设施及提供营业支持，也可以采取由特许公司向受许人出售直营店的方式。

至此，餐饮连锁企业的经营与管理就基本讲完了。连锁经营是一项复杂的经营工作，做好它，需要投入极大的耐心和精力，但只要你用心去做，做好连锁经营也并不是什么难事。